Florian Scheuba

# Wenn das in die Hose geht, sind wir hin

Chats, Macht und Korruption.
Eine Spurensuche

Mit einem Vorwort von
Daniel Kehlmann

Paul Zsolnay Verlag

1. Auflage 2022

ISBN 978-3-552-07316-6

Mit Ausnahme des titelgebenden Zitats sind sämtliche verwendeten Nachrichten im Original wiedergegeben (Orthographie, Interpunktion usw.)
Satz: Nele Steinborn, Wien
Autorenfoto: © Christian Heredia
Umschlag: Anzinger und Rasp, München
Druck und Bindung: CPI books GmbH, Leck
Printed in Germany

MIX
Papier aus verantwortungsvollen Quellen
FSC® C083411

# Wenn das in die Hose geht, sind wir hin

Daniel Kehlmann

## Klarheit in absurden Zeiten

Der wehrhafte Aufklärer Florian Scheuba

Seitdem die Nachrichten immer mehr zur Unterhaltung werden, haben Unterhalter es auf sich genommen, Nachrichten zu überbringen. Im düsteren Amerika der Bush-Jahre gab es keine Fernsehsendung, die sich so sehr der Wahrheit verschrieben hatte wie die *Late Show* des Comedians Jon Stewart, dessen Markenzeichen eine bemerkenswerte Abwesenheit von Zynismus war. Stewart hatte Haltung, er hatte Meinungen, und wenn etwas seinen Ärger erregte, dann ließ er die Zuschauer an diesem Ärger teilhaben; die Wut nährte seinen Witz, und der Witz gab seiner Wut erst Schärfe.

In Jon Stewarts Sendung lernte eine Gruppe junger Leute ein Handwerk, das man journalistische Comedy nennen könnte – unter anderem Stephen Colbert, John Oliver und Trevor Noah, die dann in den noch dunkleren Trump-Jahren aus ihren Fernsehsendungen den politischen Wahnsinn, der sich Tag für Tag ereignete, kommentierend, deutend und informierend begleiteten. Als am 6. Januar 2021 ein von Trump aufgestachelter Mob das Kongressgebäude stürmte, zögerte Colbert in seiner Spätabendsendung nicht, den damals immerhin noch amtierenden Präsidenten einen Faschisten zu nennen. John Oliver wiederum treibt in *Last Week Tonight* die Vermischung von Information, Kommentar und Unterhaltung jede Woche weiter, als man es je für möglich gehalten hätte: Über zwanzig Minuten spricht er über so obskure Themen wie das Postwesen oder das Elektrizitätsnetz – und tut es mit solcher Verve und Komik, dass all das unter seiner Hand gesellschaftlich relevant und wichtig wird. Dennoch ist *Last Week Tonight* natürlich eine sehr lustige Sendung – es waltet darin die spezifische Komik der Klarheit, eine Intelligenzanreicherung des scheinbar banalen Materials, die einen daran erinnert, dass im Deutsch des neunzehnten Jahrhunderts das Wort »Witz« noch ein Synonym für Geist war.

Zu diesen Aufklärer-Kabarettisten und journalistischen Comedians gehört auch Florian Scheuba. In Amerika gibt es mehrere wie ihn, in Österreich hat er nicht seinesgleichen. Dass Scheuba witzig ist, ist selbstverständlich – wäre es anderes, er wäre nicht seit Jahrzehnten erfolgreich in seinem Beruf. Seine Hauptwaffe aber ist ein nie versagendes Gedächtnis. Was der Rest des Landes vergessen oder verdrängt hat, Scheuba weiß es noch genau, und zwar nicht nur von den Spitzen des Staates, sondern noch vom kleinsten Lokalpolitiker. Er studiert eben nicht bloß Medien und Meldungen, sondern auch Akten. Und diese werden in seinen Händen zur Mordwaffe.

Scheuba ist ein Mann der Aufklärung durch und durch. Nichts provoziert ihn so sehr wie Dummheit, speziell in Gestalt von Amuletten, lebendem Wasser, Homöopathie und alternativer Medizin. Durch das Debakel der Covid-Impfgegnerschaft haben wir alle gelernt, dass die Duldsamkeit gegenüber Mumpitz mehr Unheil verschuldet hat, als wir uns zuvor klargemacht haben; Scheuba aber, immerhin Erfinder des Ausdrucks »Esoterik-Verharmlosung«, wusste es schon lang und hat es uns immer wieder erklärt. Hätten wir ihm doch früher zugehört!

Und doch hat seine Kunst der multimedialen Gegenwartsanalyse in all ihren unterschiedlichen Ausformungen – Bühne, Podcast, Fernsehen, Glosse – nichts Pädagogisches. Manche Kabarettisten halten dem Publikum lehrhafte Vorträge, zu ihnen gehört Scheuba nicht, obgleich man aus seinem Vortrag viel lernt. Er ist ein perfekter Stimmenimitator, im wörtlichen wie im übertragenen Sinn; er bildet das Seelenleben und die oft armselige Intelligenz seiner Objekte in der einfühlenden Parodie so nach, dass daraus die lebendigsten, komischsten Miniaturen entstehen.

Aber erst die Lektüre macht offenbar, wie fein Scheubas Texte gearbeitet sind. Es ist für die Arbeit eines Kabarettisten nicht zwingend notwendig, dass man auch beim Lesen laut lacht. Ein Qualitätskriterium ist es allemal.

Wer dieses Buch liest, wird Österreich sehr genau kennenlernen, das ist unvermeidlich. Wer dieses Buch liest, wird zornig werden, auch das ist schwer zu vermeiden, es ist auch erwünscht. Wer es liest, wird viel lachen und ist daher zu beneiden; nicht zu beneiden ist, wer darin vorkommt, doch von Scheuba bemerkt zu werden, ist eine Strafe, die noch keinen unverdient getroffen hat. Die Phrase, dass groteske Zeiten den Kabarettisten die Arbeit schwer machen, war ja nie korrekt; gute Kabarettisten gedeihen in absurden Zeiten, und die Gesellschaft braucht sie mehr denn je. So gestaltet sich nun einmal das Paradoxon des politischen Kabaretts: Natürlich sind wir entsetzt über die Skandale und Katastrophen, aber ein wenig freuen wir uns auch auf das, was die Kabarettisten diesem Material abgewinnen werden. Länder, in denen es mit rechten Dingen zugeht, haben gute Lebensqualität, aber schwaches Kabarett. Österreich hat phänomenales Kabarett. Österreich hat Florian Scheuba.

Einleitung

# »Danke, dass wir das so offen besprechen können!«

Mit dieser Chat-Nachricht antwortete der ÖVP-Kabinettsmitarbeiter Michael Krammer am 6. Jänner 2017 auf eine Mitteilung des damaligen Generalsekretärs im Finanzministerium, Thomas Schmid. Die Mitteilung war eine Art Erinnerungsschreiben und tatsächlich von verblüffender Offenheit: »Vergiss nicht, Du hackelst im ÖVP-Kabinett. Du bist die Hure für die Reichen.«

Hätte ein politischer Gegner die Dienstleistungskompetenz der Österreichischen Volkspartei mit solchen Worten definiert, wäre die allgemeine Empörung über die darin zum Ausdruck gebrachte Unterkomplexität zu Recht groß gewesen.

Aus dem Mund des gefallenen türkisen Machthaberers und »Du-bist-Familie«-Freunds Thomas Schmid verstrahlt die Aussage jedoch eine bewundernswerte Bekenntnisbereitschaft, von der zunächst nur Krammer, nach ihrem öffentlichen Bekanntwerden im Dezember 2021 aber ganz Österreich beeindruckt war.

Ihre Quelle ist das von der Wirtschafts- und Korruptionsstaatsanwaltschaft (WKStA) beschlagnahmte Mobiltelefon Schmids. Sie ist darauf eine von mehr als 334 000 Chat-Nachrichten, deren vollständige Auswertung durch die Ermittler noch längere Zeit in Anspruch nehmen wird. Die strafrechtliche Relevanz von Schmids prostitutionalem Selbstverortungs-Reminder wird sich dabei im Zuge der Aufarbeitung der Steueraffäre um den Multimillionär und ÖVP-Unterstützer Siegfried Wolf weisen – einer der vielen Polit-Skandale, die seit Veröffentlichung des Ibiza-Videos im Mai 2019 die Republik Österreich erschüttern.

Es geht um Interventionen für Parteispender, mit Steuergeld gekaufte Medien, schamlosen Postenschacher, Korruption in verschiedenen Spielarten und ein Lügengebäude, das seinen zuvor stets auf Message Control bedachten Erbauern um die Ohren fliegt. In diesem, zwischendurch auch von propagandistischen Nebelgranaten verdunkelten, Trümmerfeld habe ich mich – ausgerüstet mit einer satirisch illuminierten Fackel der Aufklärung – in meinem Podcast »Scheuba fragt nach« sowie in Kommentaren für die Tageszeitung *Der Standard* und die Wochenzeitung *Falter* auf Spurensuche begeben. Humor ist dabei für mich in gewisser Weise eine Notwehrmaßnahme angesichts perfider Irrwitz-Attacken der Realität.

Mein »Danke, dass wir das so offen besprechen können!« geht an die Korruptionsstaatsanwaltschaft und jene Journalistinnen und Journalisten, die uns ehrlich wissen lassen, worüber es in einem funktionierenden Rechtsstaat Redebedarf geben muss.

Wer weiß, vielleicht werden in Zukunft auch die von den Enthüllungen Betroffenen auf mehr Offenheit setzen. Zum Beispiel Bundeskanzler Karl Nehammer, der vor kurzem bekannte, dass die ÖVP kein Korruptionsproblem hätte. Ein mutiges Geständnis, denn ein Bordell hat auch kein Sexualitätsproblem und mein Hund kein Schweinsohrenproblem.

Sogar bei Nehammers Vorvorgänger Sebastian Kurz sind erste Anzeichen erkennbar, die ein Leidsein des ständigen Täuschens und Tarnens andeuten. Im Interview in der Zeit im Bild 2 unmittelbar nach Bekanntwerden der Inseratenkorruptionsaffäre hatte man den Eindruck, als würde im Laufe des Gesprächs ein an ihm bisher völlig unbekannter Anflug von Scham in seinem Gesicht herausapern. So wie bei Schneeschmelze im Frühjahr erste grüne Flecken in der Wiese auftauchen, waren in seinem gewohnt makellosen Teint plötzlich immer mehr rote Flecken zu sehen.

Vielleicht sind ihm da gerade ein paar Chat-Nachrichten von Thomas Schmid eingefallen, zum Beispiel: »So weit wie wir bin ich echt noch nie gegangen.«

Vorstellbar wäre auch, dass Kurz in diesem Moment an eine andere SMS-Botschaft denken musste, in der Schmid zu dämmern scheint, dass dieses »weit wie wir … gegangen« auch ein »zu weit« gewesen sein könnte: »Wenn das in die Hose geht, sind wir hin.«

Das möchte ich gerne offen besprechen.

## Gelöschte Kurznachrichten und ungelöschte Feuer

»U-Ausschuss ist für Mehrheit sinnlos«, verkündete eine Überschrift in der Sonntagsausgabe der Tageszeitung *Kurier*. Als Begründung dieser Schlussfolgerung wird eine Umfrage angeführt, laut der 76 Prozent der Befragten glauben, dass es »nach diesem U-Ausschuss in der Politik wieder so weitergehen wird wie vorher«.

Das ist ähnlich gewagt, als würde man aus dem Umfrageergebnis, »76 Prozent glauben, dass Tempolimits auch künftig missachtet werden«, die Schlagzeile zimmern, »Geschwindigkeitskontrollen sind für Mehrheit sinnlos«. Natürlich steckt hinter diesem journalistischen Manipulationsversuch eine Agenda. Es ist die gleiche, die den »Parlamentarischen Untersuchungsausschuss betreffend mutmaßliche Käuflichkeit der türkis-blauen (ÖVP-FPÖ) Bundesregierung« abwechselnd als »Hickhack«, »Schlammschlacht«, »Ausschussware« oder »sinnloses Ritual ohne Erkenntnisgewinn« denunziert und sich am besten als »Zudeckungsjournalismus« beschreiben lässt.

Es steht außer Frage, dass dieser Ausschuss wie eine Bühneninszenierung wirkende Momente bietet, die mitunter an Gerichtsdrama, Boulevardkomödie oder absurdes Theater erinnern. Aber nach persönlichem Besuch der trotz zehneinhalb Stunden Aufführungsdauer durchaus kurzweiligen Sitzung am 24. Juni 2020 kann ich sagen: Auch wenn diese Veranstaltung Showelemente enthält, ist sie deshalb noch lange keine reine Show.

Tatsächlich lieferte der Ausschuss Erkenntnisse und Einsichten in Hülle und Fülle. Denn neben den dort vorgelegten Dokumenten und Ermittlungsergebnissen waren auch die Aussagen, Nicht-Aussagen und Aussageverweigerungen der damit Konfrontierten überaus aufschlussreich.

Zum »sinnlosen Ritual« wurde die Sache an diesem Tag nur an Stellen, an denen die ÖVP-Abgeordneten Wolfgang Gerstl und Klaus Fürlinger ihre Fragen an ihre als Auskunftspersonen vorgeladenen Parteikollegen Sebastian Kurz und Thomas Schmid stellten. Diese angeblichen Fragen ließen nur selten einen Wunsch nach Informationsgewinn erkennen und begannen mit ausufernden Einleitungen in der Art von »als Bundeskanzler hat man ja relativ viel zu tun …« Das erinnerte an das Zeitschinden beim Fußball, mit dem Unterschied, dass die Akteure hier keine Verwarnung durch das Schiedsrichterteam zu fürchten haben. Im Wechselspiel mit Sebastian Kurz gemahnte das Geplauder dann an manchen Stellen sogar an das absurde Ballgeschiebe der berüchtigten »Schande von Gijón« von 1982, als bei der Fußballweltmeisterschaft die Nationalmannschaften von Österreich und Deutschland unter Beweis stellten, dass sich Spielstände, die eine Win-win-Situation für die gegeneinander antretenden Teams darstellen, extrem ungünstig auf die Attraktivität des Spiels auswirken.

Umso überraschender, dass ausgerechnet aus der ÖVP-Delegation im Verlauf noch eine wahrhaft neuartige Erkenntnis gekommen ist. Als Oppositionsvertreter wieder einmal vergeblich versuchten, dem trägen Erinnerungsvermögen von Kurz auf die Sprünge zu helfen, rief der Abgeordnete Gerstl dazwischen: »Der Kanzler will davon nichts wissen, das heißt auch, er weiß nichts davon.«

Sebastian Kurz war also nicht nur – wie von ihm vor dem Ausschuss geschildert – sehr eifrig beim Löschen seiner SMS-Nachrichten. Er besitzt auch die übermenschliche Fähigkeit, Inhalte aus seinem Gedächtnis willentlich zu entfernen. Eine faszinierende Begabung, die ihm im Lauf weiterer Ermittlungen bestimmt noch nützlich sein wird. Gleiches galt für seine Aussage »Strache hat mir mehr SMS geschrieben, als ich lesen kann«. Die damit angedeutete Kommunikationsstrategie »ungelesen gelöscht« ersparte nicht nur lästiges Nachfragen, sondern wirkte angesichts des Absenders auch menschlich nachvollziehbar.

Dass Message Control genauso für sein eigenes Gedächtnis gilt, bewies Kurz auch mit anderen Aussagen: »Anscheinend ist das im Regierungsprogramm, aber ich kenn mich da nicht im Detail aus.« »Mir übergeben laufend irgendwelche Personen irgendwelche Papiere.« Oder, besonders elegant, im Zusammenhang mit hinterfragungswürdigen Parteispenden: »Ich habe nie nach Spenden gefragt, sondern mich dafür bedankt.«

Bemerkenswert war seine Antwort auf die Frage, ob er mit Thomas Schmid befreundet sei, dem Chef der Österreichischen Beteiligungs AG (ÖBAG), die die Beteiligung der Republik an wichtigen börsennotierten Unternehmen verwaltet: »Wir sind nicht gemeinsam in die Schule gegangen und auch nicht gemeinsam auf Urlaub gefahren.« Eine interessante Wortwahl, denn abgesehen davon, dass dies wohl für keinen Menschen einen Freundschafts-Hinderungsgrund darstellt, wird diese Antwort später von Schmid in die umgekehrte Richtung wortgleich wiederholt.

Das war aber auch die einzige Gemeinsamkeit der zwischen Souveränität und Überheblichkeit oszillierenden Performance des Kanzlers und dem darauf folgenden, stellenweise nahezu tölpelhaften Auftritt Schmids. Während Kurz sein Eröffnungsstatement als freies Referat mit gelegentlichem Blick auf einen Spickzettel hielt, las Schmid stammelnd von einem Blatt Papier ab, wobei er nervös seine Finger knetete und dabei wirkte wie ein ob seiner heillosen Überforderung sich in Trotzigkeit flüchtender Schüler bei der Entscheidungsprüfung. Den aufschlussreichsten Kommentar dazu lieferte der Ausschussvorsitzende und ehemalige ÖVP-Innenminister Wolfgang Sobotka, indem er minutenlang sein Gesicht in beiden Händen vergrub.

Tatsächlich hatte die Befragung Schmids etwas von einer Prüfung. Wiederholt legte er bei Kompetenzfragen zu seinen diversen Aufsichtsratstätigkeiten eine erschütternde Ahnungslosigkeit an den Tag. Als ihm der SPÖ-Abgeordnete Jan Krainer eine E-Mail vorhielt, aus der hervorging, dass die Zurücknahme eines für Online-Glücksspiel ungünstigen Gesetzesentwurfs trotz zuvor gegenteiliger Behauptung Schmids sehr wohl auf genau dessen Anweisung erfolgte, kam auch noch die Demütigung des »Beim-Schummeln-erwischt-Werdens« dazu.

Vergleichbares Ungemach drohte zuvor Sebastian Kurz nur für eine Schrecksekunde, als der Neos-Mandatar und ehemalige Herausgeber der Wiener Tageszeitung *Kurier*, Helmut Brandstätter, rief: »Herr Kurz hat die Unwahrheit gesagt, und wenn er will, können wir das gern vor Gericht austragen.« Die folgende Debatte über politische Interventionen bei der Neubesetzung der *Kurier*-Chefredaktion wurde jedoch von dem nicht einmal mehr um den Anschein von Unbefangenheit bemühten Ausschussvorsitzenden Sobotka abgewürgt.

Dennoch brachte auch dieses vermeintlich ergebnislose Zwischenspiel im Nachhinein Erkenntniswert. Denn schon bei der nächsten, durch eine Klopause Sobotkas erzwungenen, Unterbrechung war zu sehen, wie schwer erträglich es für Sebastian Kurz ist, sich ungeliebt zu fühlen. Sofort stürmte er zu Brandstätter, um von diesem Verständnis zu erheischen. Auf ähnliche Weise hatte er in der Unterbrechung zuvor schon auf die ihn harsch kritisierende Neos-Abgeordnete Stephanie Krisper eingeredet. Und nach Ende seiner Befragung wählte er ausgerechnet *Falter*-Chefredakteur Florian Klenk und mich – ja, wir

haben schon das eine oder andere Mal kritische Worte über ihn geäußert – für ein, mit dem vorangestellten Code »das ist jetzt Hintergrund«, als vertraulich deklariertes Gespräch, in dem er um Verständnis für seine Sicht der Dinge warb. Weil ich dadurch für ein paar Minuten selbst zum Mitwirkenden einer Inszenierung wurde – mein Rollenname lautete wohl »unbotmäßiger österreichischer Innenpolitik-Berichterstatter« –, fühlte ich mich selbstredend an das Veröffentlichungsverbot des Besprochenen gebunden. Das meiner Meinung nach Spannendste hatte der Kanzler ohnehin an anderer Stelle zu den im Raum befindlichen Journalisten gesagt: »Ich lege für niemanden meine Hand ins Feuer.« Anders als seine SMS-Nachrichten wird Kurz dieses Feuer nicht einfach löschen können. Es wunderte mich nicht, wenn wir in den kommenden Wochen und Monaten genauer erfahren, für wen Kurz seine schützende Hand besonders rasch aus den Flammen zurückziehen wird. Als Fazit dieses Tages im U-Ausschuss würde ich beispielsweise als Thomas Schmid nicht unbedingt davon ausgehen, dass es für mich »nach diesem U-Ausschuss in der Politik wieder so weitergehen wird wie vorher«. Und vielleicht müssen auch manche Berichterstatter noch erkennen, dass Zudecken eine unzulängliche Form der Großbrandbekämpfung ist.

*Mit meiner Vermutung bezüglich Schmids beruflicher Zukunft bin ich richtig gelegen. Was ich damals aber noch nicht ahnen konnte, war, dass die Aussagen von Kurz an diesem Tag Gegenstand juristischer Ermittlungen werden sollten.*

## Kanzlermund tut Wahrheit kund

Ich war dabei. Ich habe mit eigenen Augen und Ohren gesehen und gehört, wie Sebastian Kurz am 24. Juni 2020 vor dem parlamentarischen Untersuchungsausschuss sich bemüht hat, die Wahrheit zu sagen. Unter anderem ging es darum, ob der Bundeskanzler die Ernennung von Thomas Schmid zum ÖBAG-Chef veranlasst hat. Heute kennen wir aus den Chats von Kurz an Schmid die Antwort: »Kriegst eh alles, was du willst!«

Damals kannte man diese Antwort noch nicht. Und so behauptete Kurz, er hätte diese Ernennung nicht veranlasst, sondern wäre nur darüber informiert gewesen. Eine bemerkenswerte Interpretation, mit der man es vielleicht bei der nächsten Verkehrskontrolle versuchen könnte. Dem Vorhalt, man wäre viel zu schnell unterwegs gewesen, begegne man mit: Ja, aber ich habe diese Geschwindigkeitsüberschreitung nicht veranlasst. Ich wurde nur von meinem Tachometer darüber informiert.

Ebenso bemerkenswert, was der Kanzler – unmittelbar nach Bekanntgabe der Ermittlungen gegen ihn – über seine Aussagen vor dem U-Ausschuss gemeint hat: »Ich habe mich stets bemüht, mich bestmöglich zu erinnern und auch wahrheitsgemäße Angaben zu machen.«

Das stimmt. Ich kann bezeugen, dass bei seinen Aussagen auch wahrheitsgemäße Angaben dabei waren. Ein paar davon, die man auch im offiziellen Parlamentsprotokoll nachlesen kann, möchte ich zitieren und gleich einem Reality-Check unterziehen:

»Anscheinend ist das im Regierungsprogramm, aber ich kenn mich da nicht im Detail aus.«

Das glaube ich sofort.

»Wenn etwas im Ministerrat beschlossen worden ist, dann muss ich das irgendwie mitbekommen haben, weil ich ja mitgestimmt habe.«

Das klingt nach einer treffenden Beschreibung der Grundeinstellung, mit der Kurz seiner politischen Verantwortung nachkam.

»Als Bundeskanzler hat man relativ viel zu tun, in unterschiedlichsten Fragen. Ich habe mich mit vielen Themen beschäftigt.«

Stimmt sicher. Allein seine ständigen Anrufe bei Journalisten, immer wieder mit der Frage, ob sie ihn eh mögen. Das ist viel Arbeit, und die unterschiedlichen Medien sind alle ein Thema für sich.

»Es gibt natürlich immer wieder Vereinbarungen, die getroffen werden.«

Damit bringt er ein elementares Wesensmerkmal von Politik brillant auf den Punkt.

»Wir probieren als Partei natürlich immer, uns an die Regeln zu halten.«

Absolut glaubhaft. Schon in seiner Jugend galt für Kurz: Probieren geht über Studieren.

»Mir übergeben laufend irgendwelche Personen irgendwelche Papiere oder sonst etwas.«

Auch das klingt glaubwürdig. Vor allem das »sonst etwas«.

»Es kann leicht sein, dass es so einen Termin gegeben hat, aber ich weiß weder, wann, noch, wer da genau dabei war.«

Wer noch nie mit so einem Gefühl in einem fremden Bett aufgewacht ist, werfe den ersten Stein.

»Strache hat mir mehr SMS geschrieben, als ich lesen kann.«

Wahrscheinlich hat ihm auch Thomas Schmid mehr Fotos geschickt, als Kurz sich anschauen kann.

»Keine Ahnung. Ich weiß es nicht. Ich kann es nicht beurteilen. Sie werden mir glauben – auch mein Tag hat nur 24 Stunden.«

Ich glaube ihm. Bei dieser Selbsteinschätzung sogar jedes Wort. Und auch dort, wo er selber sich nicht ganz sicher ist: »Da steht Bundesparteiobmann darunter. Ich glaube, das bin ich.«

Mithilfe eines Rechtsgutachtens argumentierte der Kanzler nun, er hätte deshalb nicht gelogen, weil ihm »klar sein musste, dass eine vorsätzliche Falschaussage vor dem U-Ausschuss unweigerlich eine Strafanzeige nach sich gezogen hätte«.

In diesem Sinn kann man es bei der Verkehrskontrolle auch so probieren: »Ich kann gar nicht zu schnell gefahren sein, weil mir klar sein musste, dass das unweigerlich eine Anzeige nach sich ziehen würde.«

*Die Art und Weise, wie Kurz vor diesem U-Ausschuss aufgetreten ist, war allerdings nicht wirklich überraschend. Schon ein Jahr zuvor – Kurz war gerade als Kanzler vom Parlament abgewählt worden – hatten seine*

*Aussagen vor einem parlamentarischen Untersuchungsausschuss für Erstaunen gesorgt. Da ging es um die Affäre rund um das Bundesamt für Verfassungsschutz und Terrorismusbekämpfung (BVT), und der Ex-Kanzler offenbarte Bemerkenswertes.*

## So geil ist Sebastian Kurz

Es wäre keineswegs ein Wunder, wenn Sie sich über diese Überschrift wundern, aber ich verfolge mit ihr einen bestimmten Zweck. Dazu muss ich kurz ausholen:

Sebastian Kurz hat uns alle als Zeuge vor dem BVT-Untersuchungsausschuss mit seinem Mut überrascht, konkret mit seinem Mut zur Lücke, zur Bildungslücke. Er bekannte dort schonungslos, weder von dem als BVT-Belastungszeugen-Präparator bekannt gewordenen Udo Lett jemals gehört zu haben, noch davon zu wissen, dass einige dieser Zeugen zuvor vom Ex-Innenminister Herbert Kickl persönlich im FPÖ-Parlamentsklub gebrieft worden waren. Ebenso unbekannt war dem Altkanzler, dass bei der rechtswidrigen Razzia im BVT eine Datenbank beschlagnahmt wurde, auf der vertrauliche Informationen befreundeter Geheimdienste gespeichert waren, was in weiterer Folge zu einer internationalen Isolierung des österreichischen Amtes für Verfassungsschutz und Terrorismusbekämpfung führte.

Sowohl heimische als auch ausländische Medien haben darüber oft und ausführlich berichtet. Es ist ihnen offenbar aber nicht gelungen, die Aufmerksamkeit von Kanzler Kurz zu wecken.

Dafür sollten sie die Schuld vielleicht bei sich selber suchen, und deshalb habe ich eine Überschrift gewählt, von der man erwarten kann, dass sie geeignet ist, das Interesse von Sebastian Kurz zu wecken.

Das ist mir ein Anliegen, denn es gibt noch eine Menge anderer Sachverhalte, von denen der nun außerparlamentarische Bewegungsaktivist Kenntnis haben sollte. So hat Kurz erklärt, er hätte mit dem inzwischen pensionierten BVT-Chef Peter Gridling über mögliche Belastungen der Kooperationen mit ausländischen Partnerdiensten gesprochen, was von Gridling vor dem U-Ausschuss aber dementiert wurde. Denkbar also, dass Kurz von einem Gridling-Imitator getäuscht wurde. Vielleicht war das rund um die BVT-Affäre offenbarte Kurz'sche Nichtwissen nur die Spitze des Eisbergs seiner Unkenntnis? Könnte es sein, dass sich seine allerorts bewunderte Coolness der konsequenten Befolgung eines temperatursenkenden Prinzips verdankt, nämlich: Was ich nicht weiß, macht mich nicht heiß?

Dafür spricht, dass er nicht nur sehr viele Medienberichte ignorierte, sondern auch ein Dokument, von dem man es nicht erwarten würde, nämlich sein eigenes Programm.

Dieses ursprünglich geheim gehaltene Konzeptpapier mit dem Namen »Projekt Ballhausplatz« wurde im Herbst 2017 vom *Falter* geleakt und enthält unter anderem 76 »Punkte für ein neues Österreich« (zum Beispiel »Amtsgeheimnis abschaffen«, »flächendeckende kostenlose Kinderbetreuungsangebote ab dem 1. Lebensjahr« oder »Parteienförderung um zumindest 50 % kürzen«), von denen nur ein einziger (»Öffnung der Ehe für gleichgeschlechtliche Paare«) bisher erfüllt worden ist.

Sollte mein Überschrifts-Trick funktioniert haben, hier meine Empfehlung an Sebastian Kurz: Lesen Sie einmal nach, was Sie so fordern. Und sollten die »Punkte für ein neues Österreich« nicht von Ihnen persönlich stammen, dann fragen Sie bei Ihren Parteistrategen nach, warum eine Forderung schon im Ursprungsdokument durchgestrichen wurde, nämlich Punkt 43. Der lautet: »Korruption auf allen Ebenen bekämpfen.«

Und nein, das habe nicht ich mir ausgedacht.

*Im Nachhinein betrachtet sieht es aus, als hätten Kurz und seine Gefolgschaft mit der Streichung von Punkt 43 kommendes Ungemach vorhergesehen. Dass ein »Kampf gegen Korruption auf allen Ebenen« zur Selbstvernichtung führen würde, war spätestens mit dem ersten Bekanntwerden der Handy-Chats von Thomas Schmid klar.*

## Das Damokleshandy

Mit der Prophezeiung, »das Handy von Strache bietet leider noch Stoff für die nächsten zehn Jahre«, versprach FPÖ-Chefideologe Andreas Mölzer den im Bereich der politischen Satire Werktätigen so etwas wie Zukunftssicherung. Nun dürfen wir uns diesbezüglich noch größere Hoffnungen machen, hat doch die Korruptionsstaatsanwaltschaft auf dem Mobiltelefon von ÖBAG-Chef Thomas Schmid mehr als 334 000 Nachrichten sichergestellt. Dies gelang, obwohl Schmid kurz vor der bei ihm durchgeführten Hausdurchsuchung alle Daten gelöscht und sein Handy auf Werkseinstellung zurückgesetzt hatte. Zur Frage, ob er dies aus einer bestimmten Ahnung heraus gemacht hat, wissen wir dank ÖVP-Anwalt Werner Suppan Genaueres. Suppan erklärte nämlich: Dass sich Finanzminister Gernot Blümel bei der Staatsanwaltschaft erkundigt hat, ob gegen ihn ermittelt wird, lange bevor das öffentlich bekannt wurde, sei eine »routinemäßige Anfrage« gewesen.

Offenbar fragen ÖVP-Politiker regelmäßig beim Staatsanwalt

nach, ob gerade gegen sie ermittelt wird, weshalb es denkbar ist, dass auch Schmid Informationen aus »routinemäßigen Anfragen« hatte.

Genützt hat es ihm nichts, denn die Ermittler fanden bei der Durchsuchung einen Datenträger mit dem kompletten Back-up von Schmids Handy. Bei der Auswertung der sichergestellten Nachrichten steht die Behörde erst am Anfang, woraus folgt: Das Hauptmotiv der ÖVP-Kampagne gegen die Korruptionsstaatsanwälte ist nicht durch das motiviert, was war, sondern durch das, was kommt.

Über dem Haupt der Volkspartei hängt ein Damokleshandy.

Das macht sie unentspannt, zumal das Verhältnis der Türkisen zur Wirtschafts- und Korruptionsstaatsanwaltschaft (WKStA) schon immer schwierig war. Für die ÖVP ist die bloße Existenz einer Korruptionsstaatsanwaltschaft eine ähnliche Zumutung wie das Vorhandensein der Verkehrspolizei für die Teilnehmer des Golf-GTI-Treffens.

»Kann es sein, dass Anständigkeit und Anstand, Verantwortungsgefühl und Sozialkompetenz gar keine Rolle spielen?«, fragte Renate Graber im *Standard* angesichts der sich in den Chats von Thomas Schmid offenbarenden Schamlosigkeit bei Postenschacher und Machtmissbrauch. Eine kaum widerlegbare Kritik, die mir nur im Punkt »Sozialkompetenz« zu streng erscheint. Selbige kann sich nämlich auch im Engagement für Außenseiter der Gesellschaft zeigen. Zum Beispiel für Manfred Juraczka, den personalisierten Tiefpunkt in der Geschichte der Wiener ÖVP, der seiner Partei einst mit 9,2 Prozent das schlechteste Wahlergebnis aller Zeiten beschert hat. Seither gilt er als politischer Sozialfall, der bei Schmid ein Aufwallen von Barmherzigkeit ausgelöst haben dürfte. Übermannt von diesem Gefühl, schrieb er an Gernot Blümel: »Kannst du mir bitte die Nummer von Juraczka geben. Wegen Job!« Und schreckte dabei auch vor einer Herkulesaufgabe nicht zurück: »Wir rufen ihn an um herauszufinden, was er kann.«

Der Finanzminister antwortet einfühlsam: »Danke! Bitte sei lieb zu ihm«, woraufhin Schmid zurückschreibt: »Ich bin nur zu dir lieb!«

Spätestens hier zeigte sich, dass es in diesen Konversationen nicht nur um Postenschacher und Machtmissbrauch ging, sondern auch um etwas ganz anderes: um große Gefühle. Diese wurden vor allem von Blümel an Schmid oft mit zärtlicher Poesie formuliert: »Was würden wir ohne dich machen, du bist eine echte Stütze. Du bist Familie. Und wir alle brauchen dich.«

»Devote Liebe kann auch nett sein.«

Diese Spielart der devoten Liebe prägte auch Schmids Botschaften an Sebastian Kurz:

»Dich zu haben ist so ein Segen! Danke dir total dafür.«

»Dass du mir diese Chance gibst mich zu beweisen, ist so grenzgenial.«

»Danke für alles und es taugt mir so in deinem Team sein zu dürfen.«

»Ich bin so glücklich.«

»Ich liebe meinen Kanzler.«

An einigen Stellen ist knisternde Erotik zu spüren, während manche diesbezüglich ein wenig verstörend wirken. So zum Beispiel folgende Nachricht von Thomas Schmid an Gernot Blümel: »Das ist so, wie wenn man aus einer guten Ausgangsposition mitarbeitet und echt viel machen kann und danach ein Arbeitsumfeld vorfindet in dem das alles nicht mehr geht und einem die Eier angeschnitten werden.«

Das wirft einige Fragen auf. Zunächst einmal ist anzunehmen, dass es sich bei den »angeschnittenen Eiern« nicht um eine Variante des österlichen Eierpeckens handelt, sondern um die Testikel von Thomas Schmid. Denen drohte aber nicht das umgangssprachlich übliche Abschneiden, sondern ein »Anschneiden«. Also nicht Amputation, sondern Geburtstagstorte.

Was ist das für ein Arbeitsumfeld, in dem solche Grausamkeiten möglich sind?

Wer weiß, vielleicht war das auch metaphorisch zu verstehen, gleichsam als hoffnungsgetriebener Ausblick auf Schmids berufliche Zukunft. Seine sofortige Abberufung bei der ÖBAG wäre ein Eierabschneiden gewesen. Dass er noch ein Jahr bleiben durfte, könnte man als Anschneiden derselbigen bewerten.

Auch in anderen Nachrichten fand Schmid immer wieder Worte von melodramatischer Qualität:

»Großes Kabinettsdrama bahnt sich an.«

»Sebastian will mich nicht gehen lassen.«

»Du bist der erfolgreiche Investment Guy. Und ich bin ein Galeerensklave.«

»So ein widerlicher Kerl.« »Er ist echt falsch. Aber leider schlecht falsch.«

»Ich gebe dir jetzt dann eine Watsche.« »Aber nimm dir das jetzt nicht so zu Herzen.«

»Es wird Zeit für neue Ufer«.

Das erinnert an Dialoge der TV-Serie »Reich und Schön«, die im Original »The Bold and the Beautiful« heißt. Ein Titel, der in der Übersetzung von *bold* als unverschämt die schmierige Seifenoper um die Bestellung Schmids zum ÖBAG-Chef präzise beschreibt. Und wie bei einer Daily Soap galt auch für die Schmid-Chats: Fortsetzung folgt.

Dass wir diese Fortsetzung mit Spannung erwarten dürfen, dafür sorgen jetzt schon Cliffhanger-Zitate Schmids: »Dichands sind ja gut auf Schiene« (an Kurz) oder »Dichand und ich haben Flug gebucht« (an Blümel), und natürlich seine vielversprechende Zukunftsvision: »Wenn das in die Hose geht, sind wir hin.«

Noch unbeantwortet ist die Frage, ob Thomas Schmid am Ende nur eine Fußnote in der Geschichte der ÖVP gewesen sein wird.

Wahrscheinlicher als Fußnote erscheint mir etwas ihm Entsprechenderes, nämlich das Popotschi-Emoji.

*Zu den ersten Auswertungsergebnissen der Chats gehörte die Erkenntnis, dass Thomas Schmid mutmaßlich an der Ausschreibungsgestaltung seines eigenen Jobs beteiligt war. Wäre es denkbar, dass es sich dabei um eine vielerorts geübte Praxis handelt?*

## Selbstanwerbung

Ich durfte Zeuge eines zutiefst verstörenden öffentlichen Auftritts werden, nämlich der »Befragung der Auskunftsperson« Thomas Schmid vor dem »parlamentarischen Untersuchungsausschuss betreffend mutmaßliche Käuflichkeit der türkis-blauen Bundesregierung«. Der amtierende ÖBAG-Chef offenbarte damals eine verblüffende Ahnungslosigkeit bezüglich seiner eigenen Tätigkeit in diversen Aufsichtsräten, die nur eine einzige Frage aufwarf: Wie ist es möglich, dass jemand wie Schmid so einen Posten bekommt?

Der Beantwortung dieser Frage sind wir mittlerweile etwas näher gekommen. Aus nun veröffentlichten Chat-Protokollen geht hervor, dass Schmid maßgeblich am Verfassen der Ausschreibung für seinen eigenen Job beteiligt war. Kann es sein, dass diese Ausschreibungspraxis hierzulande auch bei anderen Chefpostenvergaben so gehandhabt wurde? Das könnte einige Besetzungen erklären.

Im Finanzministerium: »Haben Sie das Motto ›Glücklich ist, wer vergisst‹ so verinnerlicht, dass Sie nicht einmal mehr wissen, warum Sie diesen Job haben wollen? Dann sind Sie unser Mann!«

Im Verteidigungsministerium: »Angehenden Konkursmasse sucht ihren desaströsen Zustand widerspiegelnde Repräsentantin/Repräsentanten.«

Im Landwirtschaftsministerium: »Wir suchen eine Art ›Best of Blue Lady in Türkis‹, also eine bedingungslose Kanzler-Adorantin, deren Auftreten nicht die Gefahr der Überbetonung von Kompetenz und Fachwissen birgt, sondern eher an eine Kombination aus Elisabeth Sickl, Monika Forstinger und Beate Hartinger-Klein erinnert.«

Im Ministerium für Arbeit, Familie und Jugend: »Alexa, kannst du für uns so tun, als wärest du eine leibhaftige Ministerin?«

In der SPÖ: »Herde fest entschlossener, aber trotzdem feiger männlicher Lemminge sucht verständnisvolle weibliche Sterbebegleitung.«

Im ORF: »Gefordert ist maximal rückgratelastisches Selbstverständnis als politischer Dienstleister, das sich mit der (metaphorisch gemeinten) Bereitschaft ›öffne nackt in Socken‹ beschreiben lässt.« Im »Parlamentarischen Untersuchungsausschuss betreffend mutmaßliche Käuflichkeit der türkis-blauen Bundesregierung«: »Angesichts der jetzt schon bekannten realen Grundlagen des Untersuchungsthemas suchen wir einen Mann mit langjähriger Bundesländer- und Spendenakquise-bedingter Erfahrung im Bereich ›schambefreiter Willfährigkeit gegenüber Glücksspielautomatenkonzernen‹.«

In der ÖBAG: »Wenn du nicht nur ein offenes Ohr für die schmutzigen Wünsche von Novomatic, sondern auch keine Angst vor eventueller Erpressbarkeit wegen deiner offenherzigen Bekenntnisse zu Drogenkonsum oder deiner expliziten Aktivitäten auf der Dating-App Grindr hast, gibt es nur eines: Ruf uns an!!!«

*Wie sehr Ex-Finanzminister Gernot Blümel das Motto »Glücklich ist, wer vergisst« tatsächlich verinnerlicht hatte, zeigte sich kurze Zeit später.*

## Der Mann zum Vergessen

»Wer Gernot Blümel im Netz als ›Du korruptes AL‹ bezeichnet, wird jetzt von uns geklagt«, verkündete ÖVP-Anwalt Werner Suppan vor einiger Zeit im Interview mit dem *Falter*. Obwohl es keinen Grund gab, an den Worten des türkisen Advokaten zu zweifeln, hat die erste Umsetzung des Vorsatzes doch überrascht.

In der von Suppan im Namen des Ex-Finanzministers geklagten Äußerung eines Pensionisten auf Twitter ist nämlich keine Rede von einem »korrupten AL« (vermutlich wären die Interpretationen »*AL*uminium«, »*A*nti-*L*iberaler« oder »*A*lt-*L*inker« nicht anerkannt worden). Stattdessen werden Blümel und seine Partei als »vergesslich oder korrupt« bezeichnet. Gerade im Fall von Gernot Blümel kann die Beantwortung der Alternativfrage »vergesslich oder korrupt?« als Argument gegen Korruptionsvorwürfe dienen. Denn – was immer man sonst von Blümels Fähigkeiten halten mag – in einem Punkt wirkt er unübertrefflich: Er ist ein Gigant der Vergesslichkeit.

Um das ganze Ausmaß dieser Spezialbegabung zu erfassen, gilt es zunächst, seine diesbezüglich beeindruckenden Auftritte vor dem parlamentarischen Untersuchungsausschuss zu würdigen. Egal ob bei Fragen nach seinem Laptop oder nach Vertretern der Novomatic, die, im Konnex mit Spenden, Wünsche vorgebracht und mit Blümel persönliche Kontakte hatten, an die er sich einfach nicht mehr erinnern kann – Blümels Gründlichkeit beim Vergessen ist atemberaubend. Seine absolute Höchstleistung gelang ihm im Zusammenhang mit seiner Tätigkeit für den von Ex-ÖVP-Obmann Michael Spindelegger zur finanziellen Unterstützung von ÖVP-Wahlkämpfen gegründeten Heimatverein ProPatria.

Am 29. März 2006 wurde Blümel von der ProPatria-Generalversammlung zum Schriftführer gewählt und am 9. April 2008, am 15. April 2009, am 7. April 2010 und am 24. März 2011 in dieser Funktion bestätigt. Am 26. Februar 2013 wurde er sogar zum Kassier ernannt, am 18. März 2014 und am 19. März 2015 wiederbestellt, bevor er am 4. April 2016 sein Amt zurücklegte.

Neun Termine – und alle hat der »Tu-es-für-mich«-Minister vergessen! »Blümel betonte, lediglich in den Anfangszeiten von ProPatria, 2004, als Student und vor seiner beruflichen Tätigkeit dort ehrenamtlich engagiert gewesen zu sein«, schreibt der *Kurier*, und Blümel ergänzt: »Jedwede spätere Aktivität kann ausgeschlossen werden.« Am 25. Juni 2020 erklärt er dazu unter Wahrheitspflicht vor dem U-Ausschuss: »Genau kann ich mich daran nicht mehr erinnern. Das ist über 15 Jahre her.«

Die sich hier offenbarende radikal subjektive Zeitwahrnehmung ist wohl Voraussetzung für diese weltrekordverdächtige Vergessensleistung, mit der er sich den Titel »*Amnesie-Legende*« verdient hat.

Im einem *Presse*-Interview meinte Blümel: »Ich würde alles noch einmal so machen.« Denkbar, dass er eine Wiederholung seines bisherigen Lebens gar nicht als solche erkennen würde.

*Es ist davon auszugehen, dass die Sehnsucht nach der »Gnade des Vergessens« im von Blümel mittlerweile verlassenen Finanzministerium in nächster Zeit noch größer wird. Denn ausgerechnet dort begann der durch die Schmid-Chats aufgedeckte Skandal um mutmaßliche Inseratenkorruption. Einige Wurzeln dieser Affäre liegen im stets von hoher Interventionsbereitschaft einerseits und mitunter kritikloser Hofberichterstattung andererseits geprägten Verhältnis zwischen Sebastian Kurz und österreichischen Medien, das schon früh seltsame Blüten trieb.*

## Das Drama des begabten Kanzlers

Ständig klagen wir über nichtssagende Politikerinterviews. Aber wenn dann einmal einer wirklich Neues und Unerhörtes erzählt, wird das kaum gewürdigt. So geschehen, als Sebastian Kurz in der *Kronen-Zeitung* enthüllte, er sei »in einer Zeit politisch sozialisiert worden, in der es undenkbar war, dass die Volkspartei stärkste Kraft in Österreich ist«. Angesichts der Tatsache, dass Kurz 2003 ÖVP-Mitglied wurde – zu einer Zeit, in der die Volkspartei nicht nur mit 42,3 Prozent klar stimmenstärkste Partei des Landes war, sondern auch den Bundeskanzler stellte –, lässt diese Aussage nur einen Schluss zu: Kurz hat die ÖVP mit einer anderen Partei verwechselt und ist ihr nur irrtümlich beigetreten. Ein Fehler, den er aber nicht eingestehen wollte und stattdessen später darauf bestand, die Partei in »Liste Kurz« umzubenennen.

Die mangelnde Bekenntnisbereitschaft zu eigenen Missgeschicken zeigte sich auch in der Folge seines wegen von ihm ignorierter Corona-Sicherheitsbestimmungen kritisierten Besuchs im Kleinwalsertal. Schon im Vorfeld hatte es Kritik gegeben, weil die besuchte Gemeinde Mittelberg ihren Einwohnern mitteilte: »Die Verantwortlichen freuen sich über eine Beflaggung der Häuserfassaden und auch Bekundungen entlang der Walser-Straße.«

Eine Anweisung, die als »Führerkult« interpretiert wurde, was mir ungerecht erscheint, zumal die Art der Beflaggung nicht vorgeschrieben war. Piraten-Flaggen, Rapid-Wien-Wimpel oder Regenbogen-Fahnen wären genauso möglich gewesen. Falls Berater des Kanzlers mit Letzterer ein Problem gehabt hätten, wäre auch eine Vatikan-Flagge mit Opus-Dei-Wappen eine Option gewesen. Abgesehen davon, sind zu Ehren des Kanzlers mittlerweile Tourismusbetriebe in ganz Österreich beflaggt. Mit rot-weiß-roten »Zimmer frei«-Fähnchen.

Auch die Aufforderung zu »Bekundungen entlang der Walser-Straße« war durchaus ergebnisoffen. Das kann auch ablaufen wie im Märchen »Des Kaisers neue Kleider«, in dem beim Festumzug des Kaisers ein Kind aus der Menge am Straßenrand ruft: »Der Kaiser ist nackt!« Genauso hätte im Kleinwalsertal jemand rufen können: »Der Kanzler ist ein überschätzter Schnösel!«

Was zum Glück nicht passierte, denn das wäre wohl nicht konsequenzlos geblieben.

Hubert Patterer, Chefredakteur der *Kleinen Zeitung*, berichtete gleich von mehreren persönlichen Anrufen des Kanzlers an einem Tag, in denen sich dieser über die Berichterstattung zu seinem Kleinwalsertal-Trip beklagte. Das lässt nur einen Schluss zu: Unser Bundeskanzler hat zu viel Tagesfreizeit.

Das ist ja oft das Problem bei Hochbegabten. Sie langweilen sich rasch. Im Nationalrat hatte sich das bei Kurz schon durch Candy-Crush-Spielen geäußert, nun versuchte er am Handy, es bei heimischen Medien auf das höchste Level zu schaffen. Deshalb mein Tipp an seine Berater: Erzählt ihm doch einmal von den vielen Arbeitslosen, der Tourismus-Krise, der kaputtgesparten Justiz oder der durch die Corona-Krise existenzgefährdeten Kulturbranche. Vielleicht gelingt es, sein Interesse zu wecken, und er sieht eine neue Herausforderung darin, gegen all das etwas zu unternehmen. Das wäre eine Win-win-Situation für alle, und Redakteure müssten nicht mehr länger als Telefonseelsorger pfuschen.

*In der für den Rücktritt des Kanzlers letztlich ausschlaggebenden Inseraten-Affäre war es mit Anrufen in den Redaktionen aber nicht mehr getan. Deshalb setzte die türkise Bewegung zunächst auf eine auch von Parteifreunden getragene Litigation-PR.*

## Schwachstelle Kraftausdruck

In ihrem illusionsgetriebenen Kampf gegen die Realität staatsanwaltschaftlicher Ermittlungen setzt die ÖVP derzeit auf zwei erkennbare Strategien. Zum einen auf Drohungen gegen die WKStA, die von einem Veteranen-Bataillon der Desinformation vorgebracht werden, zu dem der bei der *Presse* hinausgeschmissene Ex-Herausgeber Andreas Unterberger gehört. Er agiert als eine Art Martin Sellner in Heinz-Conrads-Version, droht per *Kurier*-Gastkommentar Staatsanwälten mit ihrer Entlassung und behauptet, Millionen Österreicher hätten jetzt den Glauben an den Rechtsstaat verloren. Schade, dass die ÖVP-Meinungsdesignerin Sabine Beinschab momentan verhindert ist, sie hätte diesen Befund sicher mit einer Umfrage belegen können.

Zum anderen intensivieren die Noch-Türkisen den Einsatz kommunikativer Nebelgranaten. Eine der tränentreibendsten ist die Behauptung, man würde Sebastian Kurz nur den Gebrauch von Kraftausdrücken in den Chats vorwerfen, und das sei eine menschliche Schwäche, die uns allen schon passiert ist. Laut dem Salzburger Landeshauptmann Wilfried Haslauer stört so etwas nur »Fernsehredakteure, die die Moral wie eine Monstranz unter dem Baldachin ihrer Selbstgerechtigkeit vor sich hertragen«.

Abgesehen davon, dass Herr Haslauer, sollte er vorhaben, beim nächsten Fronleichnamsumzug den Himmel als »Baldachin« zu bezeichnen, einen Tscheckerpuff vom Erzbischof riskiert: Die Idee, dass die Empörung über die Chats sich an den darin verwendeten Schimpfwörtern entzündet, ist ähnlich bizarr, als würde man bei einer Diskussion über einen Bankraub behaupten, es gäbe nur deshalb Aufregung, weil die mutmaßlichen Täter unschöne Masken trugen – und das hätten wir doch wirklich alle schon einmal gemacht.

Ein Gipfel der Verlogenheit in dieser Argumentation ist der Verweis auf »arge Sachen«, die Neos-Abgeordnete Stephanie Krisper im U-Ausschuss von sich gegeben hätte. Das ruft nach einer prinzipiellen Klärung: Im Bedeutungsunterschied zwischen »am Arsch gehen« und »ein Arsch sein« liegen Welten, auch was mögliche juristische Konsequenzen betrifft. Ungefähr so, wie zwischen den Vorwürfen »du hast mir die Zeit gestohlen« und »du hast mir mein Auto gestohlen«.

Ebenfalls nach Klarstellung verlangt der Propaganda-Spin, wonach es bei den Chats nur um strafrechtliche Relevanz ginge und deshalb alle anderen Vorwürfe gegen Sebastian Kurz unerheblich seien. Nein, sind sie nicht. Wenn jemand eine für viele Menschen wichtige Maßnahme in der Kinderbetreuung zu verhindern versucht, weil sie für seine Intrige gegen seinen eigenen Parteichef unvorteilhaft ist, offenbart sich darin kein strafrechtliches, sondern ein charakterliches Problem. Nach dessen Sichtbarmachung kommen viele zur Überzeugung, dass man mit einem solchen Problem nicht geeignet ist, ein Land zu regieren. Rülpst Ihnen jemand, nachdem Sie ihn gegrüßt haben, ins Gesicht, handelt es sich dabei um kein strafrechtliches Thema, Sie werden sich aber sagen: Denjenigen grüße ich nicht mehr. Um das zu sehen, braucht man nicht die Moral wie eine Monstranz unter dem Baldachin der Selbstgerechtigkeit vor sich herzutragen. Es genügt Wertschätzung für ein Mindestmaß an menschlichem Anstand.

*In weiterer Folge versuchten es die Kurz-Getreuen mit Angriffen auf die Justiz. Zur Verunklarung der Tatsachen wurden dafür häufiger als zuvor Gutachten in Auftrag gegeben.*

## Sozialadäquate Ahnungslosigkeit

Im Interview mit der *Presse* erklärte die Bundesministerin für EU und Verfassung, Karoline Edtstadler, wo das eigentliche Problem bei den Chats auf Thomas Schmids Handy liegt. Nämlich nicht in ihrem Inhalt oder ihrer Löschung durch Schmid, sondern in ihrer Wiederherstellung durch die WKStA. Diese sei nämlich nicht legal gewesen, weil bei den wiederhergestellten Nachrichten auch welche dabei gewesen wären, die für den Strafakt nicht relevant seien.

Mit dieser Logik könnte man auch argumentieren, dass die Kontoöffnung bei einem mutmaßlichen Bankräuber nicht erlaubt sein sollte, weil auf dem Konto ja vielleicht auch nicht aus dem Bankraub stammendes Geld liegen könnte. Und sollte man dort womöglich noch Geld aus einem anderen Raub finden, wäre das ein Zufallsfund, der nicht strafrechtlich verwertbar sein sollte.

Waren die Strategien der ÖVP im Kampf gegen die Justiz bisher vor allem durch Behinderung der Ermittlungsbehörden sowie persönliche Angriffe, Verleumdungen und Denunziationen gegen die Ermittler gekennzeichnet, so folgte nun etwas Neues: die Verhöhnung der Justiz.

Vorgebracht wurde diese vom Anwalt Georg Vetter, der in einem von einer ÖVP-nahen Agentur organisierten Hintergrundgespräch erklärte, die Korruptionsstaatsanwaltschaft (WKStA) würde bei der Inseraten-Affäre einen »Inquisitionsprozess« gegen die Beschuldigten führen. Erschütternd!

Wird hier der Verdacht geäußert, dass Geständnisse unter Folter erpresst werden? Vielleicht hat man Frau Beinschab gezwungen, ihre eigenen Studien zu lesen. Oder sich Fotos vom Handy Thomas Schmids anzuschauen.

Weiters deckte Anwalt Vetter ein unerhörtes, bisher übersehenes Fehlverhalten der WKStA auf: »Die Anordnung zur Hausdurchsuchung hat zu viele Informationen enthalten.«

Vermutlich steckt dahinter ein perfider Plan der Ermittler. Diese haben nämlich die Anordnung zur Hausdurchsuchung deshalb so ausführlich begründet, damit sie dafür eine richterliche Bewilligung erhalten! Mit solchen Tricks arbeitet also die Korruptionsstaatsanwaltschaft. Und prompt wurde die Hausdurchsuchung bewilligt. Mit schlimmen Konsequenzen, die Herr Vetter so beschreibt: »Das Verfahren sorgte für eine schlagkräftige Beeinflussung der Öffentlichkeit durch die Bekanntgabe von Ermittlungen.«

Um das zu verhindern, hätte man die Hausdurchsuchungen heimlich durchführen müssen. Ich bin überzeugt, Hausdurchsuchungen an kaum beachteten Orten wie im Bundeskanzleramt und in der ÖVP-Parteizentrale wären sonst gewiss niemandem aufgefallen.

Kaum hat man diese Enthüllung verdaut, kommt schon der nächste Schocker: Ein vom ÖVP-Anwalt Suppan in Auftrag gegebenes Sebastian-Kurz-Entlastungs-Gutachten des Universitätsprofessors Peter Lewisch. Dieser Gelehrte hat schon die Unschuld anderer prominenter Beschuldigter bescheinigt, namentlich jene von Ernst Strasser und Karl-Heinz Grasser. Strasser wurde daraufhin zu drei Jahren Haft verurteilt, Grasser erstinstanzlich zu acht. Da kann man für Sebastian Kurz hoffen, dass sich diese Serie nicht linear mathematisch fortsetzt, denn 13 Jahre Haft fände ich ein wenig übertrieben.

Herr Lewisch war als Unschulds-Bestätiger ungefähr so erfolgreich wie Toni Polster als Fußballtrainer oder der Salzburger Landeshauptmann Wilfried Haslauer als Pandemie-Bekämpfer. Ob sich das mit seinem neuesten Gutachten ändern wird, scheint fraglich, besticht dieses doch eher durch unfreiwillig komische und juristisch eigenwillige Thesen.

Beispielsweise wird darin behauptet, dass über die Werthaltigkeit der inkriminierten Finanzministeriumsinserate das Finanzministerium zu entscheiden hat und nicht die Justiz. Das heißt in logischer Konsequenz: Ob eine Scheinrechnung eine Scheinrechnung ist, entscheidet derjenige, der die Scheinrechnung ausgestellt hat.

Nicht weniger bizarr an dem Gutachten ist die Behauptung, dass es sich bei Inseratenkorruption um eine »sozial-adäquate Verhaltensweise« handelt. Das mag vielleicht für Russland, China oder Ungarn gelten, in Österreich sind wir noch nicht so weit, aber der Begriff »sozial-adäquates Verhalten« ist wunderschön und vielseitig einsetzbar.

Das nächste Gutachten könnte dann zum Beispiel die Unbedenklichkeit von »sozial-adäquatem Konsumverhalten in Martin-Ho-Lokalen« attestieren. (»Hier bestellen alle die Schneenockerln, das ist die Spezialität des Hauses!«)

Und wer weiß, vielleicht lässt sich die jüngste ÖVP-Nebelgranate als »sozial-adäquate Ahnungslosigkeit« rechtfertigen. Nachdem der *Standard* und der *Spiegel* aufgedeckt haben, dass die Rechtsschutzbeauftragte im Justizministerium, Gabriele Aicher, sich die Presserklärung zu ihrer Kritik an der Korruptionsstaatsanwaltschaft von der Rechtsanwaltskanzlei Ainedter hat schreiben lassen, die einige Beschuldigte in den von Aicher kritisierten Verfahren vertritt, hat Aicher in einer ersten Stellungnahme erklärt: »Ich weiß nicht, wer Casino-Austria-Beschuldigte oder deren Anwälte sind.«

Das ist erschütternd und sollte gerade Leuten wie mir zu denken geben. Wir Kommentatoren, die wir uns seit Jahr und Tag mit diesem Casino-Akt beschäftigen, glauben, dass es kein Insider-Thema mehr ist, weil alle wissen, um wen es da geht. Nein! Falsch gedacht! Nicht einmal die Rechtsschutzbeauftragte im Justizministerium weiß, wer da beschuldigt ist.

Umso bewundernswerter, dass die Dame trotzdem eine Beschwerde zu den Ermittlungen in genau diesem Casino-Verfahren eingebracht hat.

In der Rechtsprechung gilt der Grundsatz »ohne Ansehen der Personen«. Frau Aicher dürfte das wörtlich interpretiert haben. Sie hat ihre Beschwerde eingebracht, ohne dabei wahrzunehmen, um wen es geht. Gar nicht so leicht vorstellbar, wie sie das geschafft hat. Vielleicht hat sie das Prinzip »ohne Ansehen der Person« ausgeweitet auf »ohne Ansehen der Akten«.

Da könnte man sagen: »Wenn die Türkisen wirklich für diese Tinnef-Gutachten Geld ausgeben, ist das ihr Problem.« Ist das so?

Nein, es ist auch unser Problem, denn wir bezahlen das mit unserem Steuergeld. Zum Beispiel 180 000 Euro, die das Finanzministerium für mehrere Entlastungsgutachten gezahlt hat, um Gernot Blümels rechtswidrig verweigerte Lieferung von Akten an den parlamentarischen U-Ausschuss zu rechtfertigen.

Blümel hat für seinen Fluchtversuch aus seiner Ministerverantwortung Steuergeld verwendet. Wir durften quasi eine volle Tankladung Benzin für das Fluchtauto spendieren, das aber mit vier Patschen fahruntauglich war, weil mit dem Verfassungsgerichtshof bereits die höchste Instanz für eine vollständige Aktenlieferung entschieden hatte.

*Die hinter Blümels sinnloser Akten-Aktion stehende Kampagne der ÖVP gegen die Korruptionsstaatsanwälte hat anschließend sogar eine Reaktion der EU-Kommission ausgelöst.*

## Wahrheit oder Pflicht

Kaum hatte der Rechtsstaatsbericht der EU-Kommission die von österreichischen Politikern gegen die Korruptionsstaatsanwaltschaft (WKStA) vorgebrachten »negativen Narrative« kritisiert, wurde er von Sebastian Kurz korrigiert. Dessen Vergleich von Kritik an Staatsanwälten mit jener an kindermissbrauchenden Priestern kann man nicht einfach als »negatives Narrativ« abtun. Vielmehr handelt es sich um eine respektgebietende Kombinationshöchstleistung aus Wehleidigkeit, Haltlosigkeit, Niedertracht und Dummheit.

Auslöser dieser selbst für dem Kanzler kritisch gegenüberstehende Beobachter überraschenden Höchstleistung dürfte unter anderem seine drohende Anklage wegen Falschaussage vor dem parlamentarischen Untersuchungsausschuss sein. Eine Bredouille, die zu verhindern gewesen wäre, hätte die Welt bloß auf den Parlamentspräsidenten (und Ausschussvorsitzenden) Wolfgang Sobotka gehört, der vergeblich die Abschaffung der Wahrheitspflicht für Auskunftspersonen im U-Ausschuss forderte.

Dies begründete er damit, dass in Deutschland Auskunftspersonen in U-Ausschüssen sehr wohl lügen dürften. Was pikanterweise aber nicht stimmt und das Argument wie die Ausgangssituation eines absurden Theaterstücks wirken lässt: Sobotka plädiert für das Recht auf Lügen mit einer Lüge. Das ist so, als würde jemand das Recht auf Gewalt einfordern und auf die Frage »Warum?« mit dem Verabreichen einer Faustwatsche reagieren.

Nicht weniger bizarr waren auch die Überlegungen von Landwirtschafts- und Tourismusministerin Elisabeth Köstinger zu diesem Thema. Sie wollte die Wahrheitspflicht abschaffen, weil der U-Ausschuss sonst eine »Löwinger-Bühne« sei. Offenbar glaubt sie also, dass bei der Löwinger-Bühne, einem einst österreichweit bekannten Bauerntheater, die Wahrheitspflicht gegolten hat. Möglicherweise hat sie die regelmäßigen Konflikte von Sissy, Sepp und Paul Löwinger mit Hilde Rom für eine »Universum«-Doku über den Bauernstand oder für eine Frühform des TV-Formats »Bauer sucht Frau« gehalten.

Dass besagte Wahrheitspflicht nach wie vor gilt, ist aber nicht nur ein juristisches Problem für Sebastian Kurz, sondern auch für seine Parteifreunde Gernot Blümel, Thomas Schmid, Bernhard Bonelli und Bettina Glatz-Kremsner. Nicht gerade hilfreich dabei ist, dass ausgerechnet Ex-Sektionschef Christian Pilnacek, der früher im Justizministerium solche Unannehmlichkeiten wohl diskret planiert hätte, sich auch mit diesem Vorwurf konfrontiert sieht und wegen Suspendierung in seinen Unterstützungsmöglichkeiten eingeschränkt ist.

Als teilweiser Ersatz böte sich hier eine Art Google Alert für Hausdurchsuchungen an. Aufs Handy geschickte Reminder à la »Heute Hochzeitstag, 14 Uhr Zahnarzt, 16 Uhr Hausdurchsuchung« ergänzt durch Informationen wie »15 Uhr 59 alle Daten auf diesem Handy löschen« oder »Warnhinweis für Vertraute des Bundeskanzlers: Beim Löschen Fotos nicht vergessen« könnten sich als nützlich erweisen.

Was das »negative Narrativ« gegenüber den Staatsanwälten betrifft, sollte die ÖVP zu früherer Eleganz zurückkehren. Die von ihr geforderte »Aufsplittung« der WKStA war dafür ein Beispiel. Man kann ja auch eine auf den Boden geschmissene, in tausend Scherben zersprungene Vase als »aufgesplittet« beschreiben.

*Das dem »negativen Narrativ« zugrunde liegende schwer belastete Verhältnis der Türkisen zur Justiz war nicht immer so schlecht. Im Gegenteil: Einst gab es sogar ein extrem vertrautes, fast schon symbiontisches Miteinander, emblematisch verkörpert durch den Sektionschef im Justizministerium Christian Pilnacek.*

## Der Hausdurchsuchungsberater

Satirische Zuspitzung birgt mitunter das Risiko, als solche nicht erkannt zu werden. Als ich vorgeschlagen habe, Christian Pilnacek könnte künftig als »Staatsanwaltschafts-Ombudsmann für Interventionen aller Art« tätig sein, hatte ich nicht vor, den Sektionschef aus dem Justizministerium auf eine Idee zu bringen, an deren Realisierung er seither offenbar arbeitet. Wie wir aus seinen öffentlich gewordenen Chat-Nachrichten wissen, dürfte er mittlerweile sein Kundendienstangebot erweitert haben: Vorbereitung von beschuldigten Ministern auf ihre Einvernahme; Dirty Campaigning gegen lästige Anti-Korruptions-Behörden; Formulierung von parlamentarischen Anfragen gegen die Justizministerin; Ausarbeitung von Gesetzesänderungen, um die Arbeit der Korruptionsstaatsanwaltschaft zu erschweren – eine breite Dienstleistungs-Palette, die über einfache Interventionen deutlich hinausgeht.

Dabei dürfte Pilnacek sogar einen neuen Beruf geschaffen haben, nämlich den des Hausdurchsuchungsberaters. Dieser sorgt für rechtzeitige Vorabinformation über bevorstehende Nachschauaktionen und gibt Tipps, was bei der Durchsuchung gefunden werden darf. Nämlich – wie Pilnacek schreibt – »Passendes«. »Wenn das der Staatsanwaltschaft nicht genügt, muss sie sehen, wie sie zu mehr kommt. Mit Zwangsgewalt werden die angestrebten Beweismittel von Externen kaum zu finden sein.« Pilnacek interpretiert Hausdurchsuchungen also als Geben und Nehmen und erinnert die Durchsuchten dabei an das Motto »Was Sie gerne geben«.

Vermutlich bekommt man als Hausdurchsuchungsberater noch andere Fragen zu hören: Darf man den Ermittlern Hausschuhe anbieten? Soll man für sie Kuchen und Kaffee vorbereiten oder lieber ein

Begrüßungsschnapserl? Ist es zulässig, den Durchsuchungsvorgang aufmunternd zu kommentieren? (»Nein, da ist es kalt, ganz kalt … Ja, dort drüben beim Regal wird's ein bissl wärmer … wärmer … heiß! Und jetzt habt's den USB-Stick!«) Gilt es als unhöflich, die eigene Handy-SIM-Card vor der Beschlagnahme zu vernichten, so wie das ein heimischer Oberstaatsanwalt gemacht haben dürfte? Und gibt es für heikle elektronische Datenträger ein Outdoor-Kinderwagen-Service?

Aber auch der Berater muss die richtigen Fragen stellen. »Wer vorbereitet Gernot auf seine Vernehmung?«, hieß es in Pilnaceks nicht nur grammatikalisch eigenwilliger Nachricht an Gernot Blümels Kabinettschef Clemens-Wolfgang Niedrist. So wie Pilnacek stand auch Niedrist in regem Chat-Kontakt mit dem ÖBAG-Vorstand Thomas Schmid und schrieb ihm:

»Hi Tom! Darf ich mit deinem Kommen zu meiner Feier nach der lästigen Krisensitzung rechnen? Pilnacek nimmt dich sicher mit.«

Hätte Pilnacek geahnt, dass sein Party-Mitbringsel Schmid sich alle Handy-Nachrichten aufhebt, hätte er vermutlich ein anderes Gastgeschenk gewählt. Jetzt sieht er sich angesichts all dieser Enthüllungen mit der Frage konfrontiert, ob seine inoffizielle Tätigkeit als Ombudsmann noch mit seiner offiziellen als Sektionschef im Ministerium vereinbar ist. Und bald schon könnte sich eine neue Frage stellen: Wer vorbereitet System Pilnacek auf Game over?

*Christian Pilnacek wurde im Februar 2021 wegen des Verdachts auf Verrat von Amtsgeheimnissen vom Dienst suspendiert.*

## Die Korruptionsermittler-Scheuche

Dass mittlerweile die ÖVP selber beim Leaken von für ihre Protagonisten peinlichen Chat-Nachrichten vorprescht, um der auf die Veröffentlichung folgenden Debatte einen Alles-nicht-so-schlimm-machen-alle-anderen-auch-is-halt-so-in-der-Politik-Spin vorzugeben, hat unter anderem zur Folge, dass die inhaltliche Relevanz der Chats immer öfter vernebelt wird. Dabei wirken auch ihre Autoren eifrig mit. So erklärte Christian Pilnacek, er könne sich seine eigenen »abstoßenden Worte nicht erklären«, weil diese »im völligen Widerspruch« zu seiner »bisherigen und langjährigen Arbeit im Dienst der Rechtspflege« stünden. Das sich in Pilnaceks Nachrichten offenbarende Hauptproblem sind allerdings nicht »abstoßende Worte«, sondern sein Verständnis von »Arbeit im Dienst der Rechtspflege«.

Dieses Verständnis äußerte sich bei ihm vor allem als Bemühen um Sabotage. Es galt, die Arbeit der WKStA unter Zuhilfenahme von Dienstaufsichtsbeschwerden, Anzeigen, Diffamierungen und Intrigen zu behindern.

Mit »Das kann man sich nicht mehr gefallen lassen!!!« und »Wir müssen auch einmal aktiv werden; Accounts der WKStA sichern!« begründet der bis vor kurzem mächtigste Beamte im Justizministerium sein Dirty Campaigning gegen seine eigenen Mitarbeiter. Das wirkt wie der Oberkellner eines renommierten Restaurants, der aus Empörung über die hohe Qualität der Küche in die servierten Speisen spuckt. Oder an einen Fußball-Teamchef Franco Foda, der an den ÖFB-Präsidenten schreibt: »Dieser Alaba bereitet eigenmächtig Tore vor. Das kann man sich nicht mehr gefallen lassen!«

Darüber hinaus war Pilnacek als »Hausdurchsuchungsberater« für ins Visier der WKStA geratene Prominenz aktiv. »Wer vorbereitet

System Pilnacek auf Game over?«, habe ich schon gefragt. Nun stellt sich die Frage, wie sich die ÖVP auf dieses Game over vorbereitet.

Als inspirierend könnte sich hier eine Begebenheit erweisen, die zuvor für einen massiven Konflikt zwischen Pilnacek und den Korruptionsbekämpfern gesorgt hatte. Im Zuge der sogenannten »Schredder-Affäre« (die heimliche Vernichtung von aus dem Kanzleramt stammenden Computer-Festplatten durch einen ÖVP-Mitarbeiter) sollte ausgerechnet der zuvor von der WKStA als ÖVP-Gemeinderatskandidat geoutete Polizeibeamte Niko R. Beweismaterial in der ÖVP-Parteizentrale sichern. Dazu kam es nicht, denn R. erklärte, dass der Kurz-Berater Stefan Steiner die Polizisten vom Fenster aus am Eingang gesehen hätte und somit davon auszugehen war, dass belastende Daten schon beseitigt worden seien. Ein weiteres Einschreiten der Polizei hätte wenig Erfolg versprochen. Steiner zu sehen führte also dazu, dass die Beamten unverrichteter Dinge wieder abzogen. Genauso könnte das mit Christian Pilnacek funktionieren: Den suspendierten Sektionschef als Korruptionsermittler-Scheuche ins Fenster stellen, und schon wissen Hausdurchsucher: Hier ist nix mehr zu holen.

Da Pilnacek nicht überall, wo Hausdurchsuchungen drohen, gleichzeitig sein kann, lautet mein Vorschlag: ein für Ermittler gut sichtbares, nach dem Vorbild von Vogelschutz-Klebebildern auf Fensterscheiben gestaltetes Pilnacek-Klebebild.

*Das Problem bevorstehender Hausdurchsuchungen beschäftigt mittlerweile auch die FPÖ, während die ÖVP zu einer Art Frühwarnsystem übergegangen ist.*

## Die Angst des Tormanns beim Elfmeter

Von einer breiten Öffentlichkeit zu wenig gewürdigt, wurde das oft gehörte Vorurteil widerlegt, wonach Politiker nicht lernbereit wären. Und zwar an einem Ort, wie er sich für einen Beginn gehört, nämlich in Linz. Dort hielt im Rahmen einer FPÖ-Klubklausur ein ehemaliger Staatsanwalt auf Geheiß Herbert Kickls für das versammelte Führungspersonal der Partei eine Schulung zum Thema »Richtiges Verhalten bei Hausdurchsuchungen«. Dass Kickl selbst dabei nicht von persönlichen Erfahrungen berichten konnte, gehört angesichts der Vorkommnisse um seine ehemalige Agentur »Ideenschmiede« zu den unerklärlichen Phänomenen der jüngeren österreichischen Justizgeschichte. Weder die in schriftlichen Verträgen dokumentierte Bereitschaft zur Korruption seitens der Agentur noch die Aussagen ehemaliger Mitarbeiter über Schwarz- und Schmiergeldtransporte an die Wiener Parteizentrale sorgten dafür, dass Kickl von den Behörden aufgesucht wurde. Ob das mit seiner damaligen Funktion als Innenminister und dem damals noch reibungslos funktionierenden »System Pilnacek« zu tun hatte, werden vielleicht künftige Aufarbeitungen dieses Kapitels unserer Justiz zeigen.

Das Ausmaß der Verunsicherung, die der suspendierungsbedingte Ausfall des »Systems Pilnacek« bei der ÖVP auslöste, überraschte dann aber selbst abgebrühte Beobachter. Die Partei hat deshalb sogar eine neue Form der Mitarbeiterkommunikation entwickelt. Diese wurde bei einer Pressekonferenz von Vizegeneralsekretärin Gabriela Schwarz präsentiert, die dort Parteimitarbeitern notdürftig verklausuliert mitteilte, dass es wirklich höchste Zeit sei, alle Chats zu löschen und alle Papiere zu vernichten, die im Falle ihrer Sicherstellung durch Ermittlungsbehörden unangenehme Sachverhalte ans

Tageslicht bringen könnten. Logischer nächster Schritt wären »Reißwolf«-Gutscheine – zumindest für alle Mitarbeiter aus dem Umfeld des Kanzlers – mit dem Vermerk: »Diesmal bitte keine leicht enttarnbaren Fantasienamen angeben und Rechnung bezahlen, Betrag wird verlässlich refundiert!« Die dadurch anfallenden Kosten müssten die Türkisen nicht aus der Ruhe bringen. Das Landwirtschaftsministerium hat 22 Lizenzen für ein Verschlüsselungsprogramm für Chats und Telefonate erworben, und im Kanzleramt bekam die IT-Abteilung den Auftrag herauszufinden, wie sämtliche E-Mails und Kalendereinträge aller Mitarbeiter nach einem Jahr automatisch gelöscht werden können. Die Kosten der Anschaffungen und der Recherche übernimmt der Steuerzahler.

Die ebenfalls von Gabriela Schwarz überbrachte Kunde, wonach bei künftigen ÖVP-Hausdurchsuchungen nichts mehr zu finden sei, weil »nichts mehr da ist«, erinnert an einen Cannabis-Züchter, der die Polizei wissen lässt, dass »alles abgeerntet« sei. Als Botschaft an die Korruptionsstaatsanwaltschaft wirkte die Pressekonferenz wie der Versuch eines Tormanns, den Elfmeterschützen durch Zurufe und Herumgezappel aus der Ruhe zu bringen. Mit der Hausdurchsuchung in der ÖVP-Parteizentrale und im Kanzleramt hat sich meine nicht nur als Fußball-Fan getätigte Vermutung bestätigt: Das bringt nichts, der Elfer geht unhaltbar rein und das Spiel in die Verlängerung.

*Die aus Sicht der ÖVP sicherlich beste Lösung des Problems »Hausdurchsuchung« lautet: Keine Hausdurchsuchung! Sie kann sich mit dieser Expertise sogar auf einen prominenten Juristen berufen!*

## Korrektheit statt Hausdurchsuchung

Ausnahmsweise muss ich mit einem Dementi beginnen. Entgegen den mir zugetragenen Vermutungen stammt der im *Standard* vom 15. Februar 2020 erschienene, mit »Dieter Böhmdorfer« gezeichnete, Kommentar nicht von mir. Laut meinen Informationen wurde besagter Text tatsächlich und ohne satirische Absicht vom ehemaligen Justizminister der Republik Österreich verfasst. Unter dem Titel »Arbeitet die Justiz effizient? Nein!« präsentiert er darin eine bahnbrechende, geradezu disruptive Idee zur Effizienzsteigerung des Rechtsstaates, indem er Hausdurchsuchungen als »Ressourcenverschleuderung« entlarvt. Warum? »Es werden Unmengen an Akten abgeschleppt, die dann die Amtszimmer füllen. Die meisten der sichergestellten Materialien wären gar nicht notwendig, da eine gezielte Anfrage nach bestimmten Unterlagen seitens eines kompetenten Staatsanwaltes im Regelfall korrekt erledigt würde. Im Krisenfall eines Strafverfahrens bemühen sich alle um Korrektheit.«

So gesehen könnte auch die Polizei künftig aufwendige Verkehrskontrollen durch »gezielte Anfragen« ersetzen:

Polizist: »Guten Tag, hier spricht Polizeikommissariat Wien 4. Herr Meier, kann es sein, dass Sie gestern Nacht gegen 23 Uhr 30 Ihr Fahrzeug in leicht alkoholisiertem Zustand gelenkt haben?«

Lenker: »Nein, also wirklich nicht! Was heißt da ›leicht alkoholisierter Zustand‹? Ich war nudelfett! Komplett besoffen! Ich hab mich nicht mehr gespürt! Und das lag sicher auch daran, dass ich dazu noch total eingekifft war. Sonst wäre ich ja auch nicht die ganze Zeit gegen die Einbahn gefahren!«

Polizist: »Ah … das ist … interessant. Da wird es leider nicht bei einem Organmandat bleiben können.«

Lenker: »Natürlich nicht! Ich würde sagen, am besten, ich schick Ihnen gleich meinen Führerschein. Den hab ich übrigens gestern gar nicht dabeigehabt. Genauso wenig wie Pannendreieck und Verbandszeug! Ah, und bevor ich drauf vergesse: Ich leg die Zulassung von meinem Auto gleich dazu, weil das Pickerl ist schon seit einem Jahr abgelaufen.«

Polizist: »Ja … äh … danke für Ihre … Korrektheit.«

Lenker: »Also bitte, im Krisenfall ist das wohl eine Selbstverständlichkeit. Auf Wiederhören!«

Gerade von dem als Law-and-Order-Fan bekannten Böhmdorfer hätte man sich so einen auf die Redlichkeit der Menschen setzenden Vorschlag nicht erwartet. Unsere Justiz dürfte aber für diese Vision einer auf Vertrauen bauenden Staatsanwaltschaft noch nicht reif sein und praktiziert nach wie vor rüdes Malversations-Zwangsouting durch Hausdurchsuchungen.

Von einer solchen wurde der nur mit einer Unterhose bekleidete ehemalige Vizekanzler HC Strache überrascht. Ob die Unterhose, wie laut Aussagen einer ehemaligen Vertrauten Straches bei ihm üblich, mit energiespendenden Metallteilen gefüllt war und ob diese von den Beamten konfisziert wurden, ist nicht bekannt. Fest steht, dass Straches Handy beschlagnahmt wurde, dessen Auswertung seither für Schlagzeilen sorgt. So enthüllten Recherchen des *Standard* Ermittlungserkenntnisse, die zeigen, wie die von Strache im Ibiza-Video beschriebene Methode des »Parteispenden-am-Rechnungshof-Vorbeischleusens« in der Praxis funktioniert hat. Manche Spender wurden auch konkret genannt, unter ihnen die Industriellen-Familie Turnauer. Ein Name, der Erinnerungen weckt, denn das mittlerweile verstorbene Familienoberhaupt Herbert Turnauer ließ schon Mitte der neunziger Jahre Parteispenden an die FPÖ in Form von mit Bargeld gefüllten Sackerln mithilfe des späteren Justizministers Josef Moser als Geldboten in die Kanzlei Böhmdorfer bringen, wo sie auf ungeklärte Weise verschwanden.

Das lässt die Intention der Böhmdorfers'chen Gedanken zum Thema Hausdurchsuchung in neuem Licht erstrahlen. Vielleicht wollte er einfach die Familie Turnauer diskret daran erinnern, dass es für das Verbergen von Parteispenden sicherere Orte gibt als Straches Handy. Denn wer würde schon eine Hausdurchsuchung bei einem Anwalt veranlassen, der sich im Krisenfall eines Strafverfahrens um Korrektheit bemüht?

*Wenn sich per Hausdurchsuchung durchgeführte Korruptionsermittlungen trotzdem nicht verhindern lassen, kann man immer noch auf von türkiser Message Control geprägte Berichterstattung darüber hoffen. Manche Journalistinnen und Journalisten beweisen hier enorme Kreativität bei der Neuinterpretation vermeintlicher ÖVP-Korruptions-Probleme.*

## Korruptionskampf mit Schweigegeld

Nach den Vorrunden-Ergebnissen der Fußball-EM 2018 konnte man glauben, der Fußballgott wollte ein Zeichen gegen organisierte Kriminalität setzen: Die vier Staaten mit den korruptesten Regierungschefs – Ungarn, Polen, Türkei und Russland – flogen allesamt als Gruppenletzte aus dem Turnier. Die Frage, warum Österreich aufgestiegen ist, erscheint mir unberechtigt, zumal unser Land, verglichen mit diesen vier Kleptokraturen, doch noch in einer anderen Liga spielt. Unbestreitbar ist jedoch, dass es einem drohenden Abstieg vorzubeugen gilt. Zu diesem Zweck wurde ein Volksbegehren für Rechtsstaatlichkeit und Antikorruption ins Leben gerufen. Ein Anliegen, das auf den ersten Blick grundvernünftig und dringlich wirkt. Aber täuscht dieser Eindruck? Martina Salomon, die Chefredakteurin des *Kurier* und oftmalige Vorkämpferin für dissidente Intellektualität, bezeichnet die Tatsache, dass auch ehemalige ÖVP-Spitzenpolitiker das Volksbegehren unterstützen, als »Nestbeschmutzung«. Doch bevor man sich fragt, ob hier die Verunreinigung des Nestes mit dem Auf-die-Verunreinigung-aufmerksam-Machen verwechselt wurde, überwältigt schon Salomons nächste These:

Öffentliches Engagement im Kampf gegen Korruption beschädigt den Wirtschaftsstandort!

Ein Gedanke, dessen Brillanz an Österreichs wichtigsten Ideenschmied für moralisch flexible Ökonomie, Herbert Kickl, erinnert. Der hatte einst zur illegalen Wahlkampfkostenüberschreitung seiner Partei in Höhe von vier Millionen Euro gemeint: »Es ist ja nicht so, dass dieses Geld nicht auch irgendwo ankommen würde, wo ein Nutzen für Österreich entsteht. Dieses Geld fließt in einen wirtschaftlichen Kreislauf. Das muss man auch einmal zur Kenntnis nehmen!«

Ein bestechendes Argument, das auch die volkswirtschaftlichen Verdienste von Drogenhandel in neuem Licht erscheinen lässt.

Welche dramatischen Auswirkungen öffentliches Korruptions-Bashing zeitigen kann, weiß die *Kurier*-Chefredakteurin darüber hinaus auch: »Der sogenannte Korruptionsindex von Transparency International ist eine Umfrage, die Berichterstattung widerspiegelt: Je mehr in einem Land die Korruption besprochen wird, desto mehr rutscht ein Land ab.«

Ein Blick auf das aktuelle Ranking bestätigt diese Erkenntnis, liegt doch Nordkorea auf einem der letzten Plätze. Ein Land, das für seine gnadenlose Offenheit und mediale Kritik an Korruption bekannt ist. Und gilt nicht auch für Alarmismus-Profiteure wie die Feuerwehr der Grundsatz: Je mehr über die Gefahren des Feuers gesprochen wird, umso öfter brennt es?

Eine Sichtweise, die offenbar schon von zahlreichen heimischen Medien geteilt wird. Dass Ex-Außenministerin Karin Kneissl vor dem U-Ausschuss über Inseraten-Korruption im Außenministerium und der Zeitungsverleger Horst Pirker über die vom Finanzministerium veranlasste Bestrafung für kritische Berichterstattung berichteten, wurde von vielen heimischen Medien verschwiegen. Möglicherweise wollen sie damit Österreichs Ranking im Korruptionsindex verbessern. Und außerdem: Auch Schweigegeld belebt den wirtschaftlichen Kreislauf. Das muss man auch einmal zur Kenntnis nehmen!

*Das eigentliche Problem an Korruption ist also weniger ihre Existenz als vielmehr die Berichterstattung darüber. Ein überaus origineller Denkansatz. Folgerichtig muss man bei Kritik an Sebastian Kurz auch nicht den Inhalt verstehen, um die Form zu verdammen.*

# Kanzler-Culture

In meinem Podcast habe ich mit *Standard*-Herausgeber Oscar Bronner über die Abschaffung der politischen Karikaturen in der *New York Times* gesprochen. Beide fanden wir das zutiefst schändlich und waren letztlich froh darüber, dass politische Karikaturen in Österreich nach wie vor als Selbstverständlichkeit gelten.

Wir haben uns getäuscht. Der Moloch falsch verstandener politischer Korrektheit erhebt auch in Österreich sein furchterregendes Haupt, bei uns kommt er nur aus einer ganz anderen Ecke. Zum Beispiel aus Wien-Josefstadt. Dort ist Frau Judith Edelmann Bezirksrätin der ÖVP, und sie forderte in der Tageszeitung *Die Presse*, dass eine politische Karikatur aus der Öffentlichkeit zu verschwinden habe. Nämlich eine große Gerhard-Haderer-Zeichnung von Sebastian Kurz, die auf einem Haus an der Linken Wienzeile affichiert wurde. Darauf sieht man unseren ehemaligen Bundeskanzler, ziemlich fotorealistisch porträtiert, mit einem herzförmigen Loch in der Brust, durch das der Himmel durchscheint. Kritik an herzloser Politik – eine klare Aussage, was bei politischen Karikaturen nicht selten vorkommt. Frau Edelmann meinte jedoch: »Da wird der schon totgeglaubte Pranger reaktiviert.«

Das ist natürlich ein Problem nicht nur für Karikaturisten, sondern für alle Menschen, die es wagen, irgendetwas anzuprangern. In diesem Fall gewagt hat das die Initiative »Courage – Mut zur Menschlichkeit«, die zuvor schon die unterlassene Hilfeleistung des Kanzlers für Kinder in Moria kritisiert hat, was wiederum Frau Edelmann besonders arg findet. Sie meint zu den Unterstützern der Initiative: »Im Sinne der Kinderhilfe, der Sie sich verschrieben haben, sollten anderer Menschen Kinder nicht so entwürdigt werden.«

Das heißt: Nicht die Kinder, die in Moria im Dreck vegetieren müssen, werden entwürdigt, sondern unser Kinder-Kanzler. Der wird nämlich durch diese Karikatur laut Frau Edelmann »entmenschlicht. Ich bin sprachlos über diese Radikalität unter dem Deckmäntelchen der Menschlichkeit.«

Offensichtlich war sie wirklich so sprachlos, dass sie in der *Presse* nicht mehr dazusagen konnte, dass sie Bezirksrätin der ÖVP ist. Nicht nur das, die Aktivistin für die Zensur von Gerhard Haderer ist sogar stellvertretende Vorsitzende der Kulturkommission. Das klingt nur aufs Erste paradox, denn mittlerweile haben wir gelernt: Auch Cancel Culture ist eine Kultur. Im konkreten Fall könnte man sie auch als »Kanzler-Culture« bezeichnen. »Kanzler-Culture« – ein neues Verständnis von Kultur, das nicht über sich selber lachen kann, dafür aber sehr wohl über die vernachlässigbare Randgruppe der »Kulturverliebten«.

Durchaus denkbar auch, dass sich Diskussionen wie jene um die Haderer-Zeichnung in Richtung Mohammed-Karikaturen-Streit entwickeln, wenn bei einigen Jüngern von Sebastian Kurz religiöse Gefühle verletzt werden.

Denn Kurzology gilt für viele als anerkannte Glaubensgemeinschaft mit entsprechender theologischer Forschung. In dieser gibt es sogar einen alttestamentarischen Erklärungsansatz für das Phänomen Sebastian Kurz. Dem zufolge leitet sich der Name Basti von einem Bastkorb her, in dem Kurz als Säugling gefunden wurde. Dieser Bastkorb soll ans Ufer des Donaukanals angeschwemmt worden sein, und zwar genau beim Raiffeisen-Gebäude.

Das Evangelium nach Sebastian wird jedenfalls von verschiedenen prophetischen Schriften verkündet. Am bekanntesten ist bis heute das Buch Salomon. Dieses Werk gilt auch als Martinen-Erscheinung. Die gleichnamige Hohepriesterin hat sich dem unbefleckten

Gedächtnis Sebastians verschrieben. Folgerichtig empörte auch sie sich über die Haderer-Karikatur. Diese sei »eine Art Pranger – ein Wunder, dass man nicht aufgefordert wird, darauf zu spucken«.

Das wäre tatsächlich eine Leistung gewesen, denn das Bild des Kanzlers hing in 15 Metern Höhe. Da raufzuspucken hätte vermutlich nicht einmal Bildungsminister Heinz Faßmann geschafft. Außerdem dürfte die Evangelistin die Karikatur intellektuell nicht ganz erfasst haben, schrieb sie doch, dass der Kanzler auf dem Bild ein türkises Herz habe. Tatsächlich hat er ein herzförmiges Loch, durch das der Himmel leuchtet.

Es könnte natürlich so sein, dass die Gleichsetzung von türkis mit Himmel im Buch Salomon eine Art Glaubenswahrheit darstellt. Zu diesen Glaubenswahrheiten gehört dort auch der Glaube an die Existenz eines Satans – in Gestalt der Wirtschafts- und Korruptionsstaatsanwaltschaft. Diese würde nämlich – laut Prophet Martin Gebhart im Buch Salomon – »die Säulen der Demokratie demontieren«.

Wie immer bei religiösen Überzeugungen, ist es schwer, darüber zu diskutieren. Ob man Gernot Blümel und Sebastian Kurz für Säulen der Demokratie hält oder nur für Pfosten, liegt letztlich im Auge des Betrachters.

*Dass die Wirtschafts- und Korruptionsstaatsanwaltschaft die »Säulen der Demokratie demontiert«, erwies sich als harmloser Vorwurf im Vergleich zu dem, was der Lobbyist und Kurz-Intimus Wolfgang Rosam herausfand.*

## Staats- und andere Streiche

Es steht schlimm um unser Land, aber wie schlimm es wirklich ist, lässt uns der Lobbyist, ÖVP-Berater und Medienherausgeber Wolfgang Rosam wissen, indem er über die Ermittlungen der heimischen Justiz schreibt: »Es gibt kein Halten mehr … Das geht schon bald in Richtung Staatsstreich.«

Laut Wörterbuch handelt es sich bei einem Staatsstreich um das »illegale gewaltsame Absetzen einer Regierung durch andere etablierte Träger staatlicher Funktionen«. Rosam glaubt also, es geht in die Richtung, dass unsere Justiz gewaltsam die Regierung absetzen will, um selber die Macht zu ergreifen. Da kann man ihm nur dankbar sein, dass er uns auf diese große Gefahr aufmerksam gemacht hat. Ganz ehrlich: Mir wäre sie nicht aufgefallen, ich hätte sie glatt übersehen. Aber zum Glück gibt es wache Bürger wie Wolfgang Rosam, die sofort merken, wenn der Staat ins Wanken gerät. Wie staatstragend dieser Mann ist, wissen wir spätestens, seit eine aktuelle Liste jener Summen veröffentlicht wurde, die der Staat für Werbeaufträge und Kooperationen mit heimischen Medien ausgibt. Darin wird dokumentiert, dass im Vergleichszeitraum eines Jahres de facto sämtliche Medien mehr Geld bekommen haben. Das schwankt bei den Printzeitungen und -magazinen zwischen plus 16 und einem Spitzenwert von rund plus 90 Prozent für die *Tiroler Tageszeitung* und den *Kurier*. Doch damit sind die beiden Blätter nur auf dem zweiten Platz, haushoch übertroffen von einem Medium, das sensationelle 438 Prozent mehr bekommen hat. Nämlich die von Wolfgang Rosam herausgegebene Gourmetzeitschrift *Falstaff*.

In der ersten Gefühlsaufwallung möchte man der Bundesregierung vielleicht zurufen: »Seid's ihr komplett deppat wor'n?« Aber da hat man natürlich nicht bedacht, wie zweckmäßig diese 438 Prozent mehr sind. In der Corona-Krise geht es darum, möglichst breite Bevölkerungsschichten zu erreichen. Das gelingt anscheinend nirgendwo besser als in einer Gourmetzeitschrift. Dort muss der Staat inserieren, weil dort werden jene Themen verhandelt, die ganz viele Menschen bewegen: »Soll man Grand Crus aus dem Bordeaux nur mehr per Subskription kaufen?«, »Wie wird die Trüffel-Saison?«, »Welche Jahrgangs-Champagner passen zum weißen Albino-Stör-Kaviar?«

Darüber hinaus machen es die 438 Prozent mehr verständlich, warum uns gerade Wolfgang Rosam eindringlich vor einer Absetzung dieser Bundesregierung warnt.

*Zu den Gewinnern bei den Regierungsinseraten zählten natürlich die Boulevardzeitungen, bei denen Sebastian Kurz stets die beste Nachrede hatte. Nur einmal war in der* Kronen-Zeitung *ein Hauch von Gegenwind für ihn zu spüren.*

## Erwachet!

Jetzt kann einem aber auch ein schaumgeborener Günstling der Götter wie Sebastian Kurz einmal leidtun. Da meldete sich der oft als »Schweigekanzler« verhöhnte Regierungschef endlich mit einer griffigen, für seine Verhältnisse fast schon pointierten Ansage zu Wort, prompt hagelte es Kritik. Und das nicht nur von Seiten der üblichen links-linken Anarcho-Chaoten (Caritas, Christian Konrad, Erwin Pröll, ÖVP Vorarlberg), nein, sogar die normalerweise treu ergebene *Kronen-Zeitung* nahm die flapsige Flause »Ich glaube nicht, dass es eine gute Entwicklung ist, wenn immer weniger Menschen in der Früh aufstehen, um zu arbeiten, und in immer mehr Familien nur mehr die Kinder in der Früh aufstehen, um zur Schule zu gehen« zum Anlass, für eine fast schon rebellisch provokante Schlagzeile: »So lange schlafen wir, Herr Bundeskanzler«.

Im Blattinneren wurde der Kanzler auf zwei Seiten zum Thema »Wir sind eine Nation der Frühaufsteher« darüber belehrt, dass »wir Österreicher durchschnittlich um exakt 6 Uhr 14 aufstehen«. Dazu noch eine Lobpreisung der Caritas durch Barbara Stöckl, eine Kolumne vom evangelischen Bischof Michael Chalupka, in der dieser die im *Krone*-Umfeld geradezu häretisch wirkende Ansicht äußerte, »niemand will schutzlos sein, deshalb sollen wir die Fremden aufnehmen«, und sogar das in der Regel politisch unverfängliche »Heitere Bezirksgericht« widmete sich subversiv dem Thema Frühaufstehen. Vom einst zur bedingungslosen Kurz-Verteidigung errichteten *Krone*-Bollwerk blieb bei diesem Thema nur die nicht trockenlegbare Boulevardruine Michael Jeannée übrig.

Womöglich war dieser spontane Liebesentzug eine Reaktion auf jene Stimmen aus dem Volk, die den kecken Kanzler-Spruch mit »Bitte, woher will der das wissen?« kommentierten.

Und genau an dieser Stelle wurde Sebastian Kurz Unrecht getan.

Um seine wahre Kompetenz in dieser Angelegenheit zu erkennen, muss man einen Blick zurück in jene Zeit werfen, deren beeindruckende Erfolgsbilanz bisher nicht ausreichend gewürdigt wurde: nämlich auf die Studienzeit unseres Bundeskanzlers. Zu deren Bewertung werden zumeist oberflächliche und nur vermeintlich aussagekräftige Parameter wie Prüfungen, Zeugnisse oder Abschlüsse herangezogen. So gut wie niemals wird erwähnt, dass Kurz neben seinem Studium als Versicherungsvertreter aktiv gewesen ist. Eine herausfordernde Tätigkeit, bei der der junge Kurz nicht nur die Grundlagen seiner rhetorischen Überzeugungskraft entwickeln konnte, sondern auch beim frühmorgendlichen Weg von Tür zu Tür Einblick in die Lebenswelten seiner Mitbürger gewonnen hat. Wie oft wurden da wohl seine eloquent präsentierten Versicherungslösungen nur von ratlos blickenden Kinderaugen erwidert? Wie sehr musste er schon damals sich in Konkurrenz zu NGO-Vertretern behaupten? Was konnte er von anderen Mitbewerbern lernen? Vielleicht das Motto »Erwachet!« von den Zeugen Jehovas? Auf jeden Fall dürfte er sich diesem Nebenjob mit solcher Hingabe gewidmet haben, dass wir heute Fragen aus Deutschland nach dem Erfolgsgeheimnis unseres Kanzlers so beantworten können: ein Karl-Theodor zu Guttenberg, der rechtzeitig sein Studium abgebrochen hat.

*Die* Kronen-Zeitung *blieb Sebastian Kurz bis zum Schluss treu. Auf ihrer Leserbriefseite finden sich heute noch Perlen der Pro-Kurz-Argumentation wie beispielsweise das Schreiben eines Herrn Karl Aichhorn aus Mauthausen: »Kurz und Jelinek. Der eine wird ob seiner geschriebenen Chats verteufelt, die andere wird für ihr Geschriebenes, das für viele Bürgerinnen und Bürger Österreichs nicht minder beleidigend ist, mit dem Nobelpreis ausgezeichnet!«*

*Dieser Gedankengang erscheint mir ausbaufähig. Ich warte auf Leserbriefe wie:*

*»Wenn Sebastian Kurz ›Arsch‹ sagt, regen sich alle auf, beim feinen Herrn von Goethe gilt das als hohe Literatur!«*

*Oder:*

*»Beim Kurz schreit man empört ›Intrigant‹, beim Jago in ›Othello‹ applaudieren die Leute und zahlen sogar Eintritt dafür!«*

*Oder:*

*»Wenn der Kurz Vater wird, spottet man über die Inszenierung, wenn Elton John Kinder adoptiert, finden das alle toll!«*

*Was das Abcashen mit Regierungsinseraten betrifft, scheint bei der Krone auch noch alles beim Alten. Noch erstaunlicher ist, dass dies auch für Wolfgang Fellners Österreich gilt. In einer Kolumne habe ich versucht, davon betroffene Zeitungsmacher und Leser zu trösten.*

## Das Standard-Regierungsinserat

In der öffentlichen Beurteilung der wirtschaftlichen Corona-Hilfsmaßnahmen findet derzeit ein Paradigmenwechsel statt. Galt bisher der Befund, »es ist eine Schande, wie viele Hilfsbedürftige so gut wie nix bekommen«, so hört man jetzt immer öfter, »es ist eine noch viel größere Schande, wie viele Nicht-Hilfsbedürftige obszön viel bekommen«. Den diesbezüglichen Höhepunkt stellt der großzügige Umsatzersatz für Glücksspielautomatenlokale dar, die allein im November 2020 mit rund 20 Millionen Euro von den Steuerzahlerinnen und Steuerzahlern beschenkt wurden. Der von ÖVP, FPÖ und SPÖ für die Politik verifizierte Satz aus dem Ibiza-Video »Novomatic zahlt an alle« kann nun also ergänzt werden: Novomatic zahlen wir alle.

Angesichts der gigantischen Schäden, die Automatenspielsucht seit jeher der Volkswirtschaft zufügt, ist das nichts Neues, aber immerhin dürfen wir uns jetzt als freigiebige Sponsoren der Schnittstelle zwischen Halb- und Unterwelt bezeichnen. Logischer nächster Schritt wäre eine Verdienstentgangsentschädigung für Drogenhändler (schließlich gehört Drogenbeschaffung nicht zu den behördlich anerkannten Ausnahmegründen bei der Ausgangsbeschränkung) und Einbrecher (denen wiederum durch die Ausgangsbeschränkungen das ungestörte Ausüben ihres Berufs verunmöglicht wird).

Das mag zunächst übertrieben erscheinen, es wäre aber nicht undenkbar, da österreichische Bundesregierungen in Fragen der Gerechtigkeit bei Förderungen schon seit längerer Zeit Verhaltensoriginalität an den Tag legen. Als Beleg dafür kann eine Studie gelten, für die erstmals ausgerechnet wurde, wie viel die Regierung mittels Inseraten pro Zeitungsleser ausgegeben hat. So waren ihr im Jahr 2018 Leser des käuflichen Gratisblatts *Österreich* pro Kopf 5,15 Euro wert, während sie für *Standard*-Leser nur 89 Cent übrighatte.

Ich weiß nicht, wie es Ihnen mit dieser Geringschätzung geht, aber ich finde, wir hätten uns wenigstens ein dieses Missverhältnis erklärendes Regierungsinserat verdient. Zum Beispiel: »Liebe Leserinnen und -Leser! Seit einigen Jahren – und da hat einst der diesbezügliche Pionier, SPÖ-Ex-Bundeskanzler Werner Faymann, viel Vorarbeit geleistet – behaupten wir Regierenden, dass wir so viel in Boulevard-Medien inserieren müssen, weil wir dadurch Preis-Leistungs-mäßig die meisten Leser erreichen. Das war und ist natürlich eine dreiste Lüge. Am meisten Inserate bekommen die, die am nettesten über uns schreiben. Weil Sie das natürlich von Anfang an durchschaut haben, wollten wir die Glaubwürdigkeit der Zeitung nicht durch mehr Inserate desavouieren, da Sie sonst hätten glauben können, sie würde nun zu einem weiteren Regierungs-Verlautbarungsorgan mutieren. Also kränken Sie sich nicht und trösten Sie sich: Sinn eines Regierungsinserates ist es, Menschen über etwas zu informieren, von dem man glaubt, dass sie es nicht wissen. Das heißt: Wir halten die Leser der Fellner-Medien für fast sechsmal so deppert wie Sie. Und da müssen wir dann auch an die Zielgruppe unserer Politik denken.«

*Dass Wolfgang Fellners zeitungsähnliches Produkt in absurd üppigem Ausmaß von der Bundesregierung gefördert wurde, steht außer Zweifel. Dass es auch anders geht, allerdings ebenso.*

## Im Kampf um die Erpresserfreiheit

»Für mich wird Jörg Haider nie korrupt sein.« Dieses denkwürdige Zitat stammt von Elisabeth Kaufmann-Bruckberger, einem der ramponiertesten Wanderpokale der österreichischen Innenpolitik (hintereinander bei FPÖ, BZÖ, Team Stronach, Team NÖ). Mittlerweile hat die in zahllose Korruptionsskandale verwickelte Dame vor Gericht gestanden, dass sie Jörg Haider durch den damaligen Kärntner Landesrat Harald Dobernig 700 000 Euro Schmiergeld in bar hat zukommen lassen, was von mehreren Zeugen bestätigt wurde.

Was geht in einem Menschen vor, der etwas sagt, von dem er schon im Moment des Aussprechens weiß, dass er selbst Kronzeuge für die Unwahrheit seiner eigenen Aussage ist?

Ein ähnliches Beispiel für eine solche Verschmelzung von Realitätsverlust mit Unverschämtheit lieferte Wolfgang Fellner. Auslöser war eine Reportage der Rechercheplattform *Dossier*. Unter dem Titel »Wer hat Angst vor Wolfgang F.?« berichten darin Politiker und Wirtschaftstreibende in zuvor noch nicht dokumentierter Offenheit über die Praktiken des Inseratenverkaufs bei dem von Fellner nach dem Motto »gratis und trotzdem käuflich« publizierten Journalismus-Surrogat *Österreich*. Dabei fallen nicht nur Begriffe wie »Schutzgeld«, »Drohungen« oder »Erpressung«, es wird auch die Bereitschaft geäußert, diese Vorwürfe jederzeit vor Gericht zu wiederholen. Ein neuer Aspekt, der *Dossier* offenbar dazu ermutigt hat, das Kind beim Namen zu nennen: »Verstöße gegen das Mediengesetz, Ausverkauf des eigenen Journalismus für Anzeigenkunden, Stichwort: Schleichwerbung; Drohungen, die Art der Berichterstattung seiner Medien von der Höhe der Inseratenschaltungen abhängig zu machen, oder schlicht negative Berichte, die mitunter erfunden seien, um Druck zu machen. Fellner ist einer der korruptesten Medienmacher der Republik.«

Nun mag es den über sich und seine Produkte bevorzugt im Superlativ schwadronierenden Fellner kränken, nur als »einer der korruptesten« bezeichnet zu werden. Seine Reaktion, wonach es sich bei den Vorwürfen um »Sudelgerüchte, die keinen Funken Wahrheit haben«, handle, erinnert aber fatal an Kaufmann-Bruckbergers Befund zur Unbestechlichkeit Jörg Haiders. Um bei Fellners Sprachbild vom Wahrheitsfunken zu bleiben, könnte man den *Österreich*-Herausgeber auch als »Löschwasser-Kanone für das Feuer der Wahrheit« bezeichnen.

Ein bisschen ärgerlich ist es nur, dass wir Steuerzahler ihm dabei durch von uns finanzierte Regierungsinserate als Hydranten dienen müssen.

Müssen wir wirklich? Die sogenannte Beamtenregierung unter der Bundeskanzlerin Brigitte Bierlein hat in der zweiten Jahreshälfte 2019 binnen drei Monaten das Budget für Inserate um ein Drittel verringert. Das Innenministerium hat um 93 Prozent weniger ausgegeben als während der ÖVP/FPÖ-Koalition im gleichen Zeitraum des Vorjahres, das Kanzleramt sogar um 98 Prozent. Wäre die Vorgängerregierung nicht einige langfristige Medienkooperationen eingegangen, fiele der Rückgang noch deutlicher aus.

Es bleibt also die Hoffnung auf künftige Regierungen, die erkennen, dass Pressefreiheit und Erpresserfreiheit nicht das Gleiche sind.

*Unter all diesen Aspekten betrachtet, ist es eine geradezu sensationell gute Pointe des österreichischen Politikgeschehens, dass Enthüllungen über Inseratendeals mit Wolfgang Fellner den Sturz von Sebastian Kurz ausgelöst haben. Und nicht minder originell ist es, dass dabei ausgerechnet das Finanzministerium der zentrale Ort des Geschehens war.*

## Investorenschutzgeld

Zu den zahlreichen demütigenden Erfahrungen, die Sebastian Kurz hinnehmen musste, gehörte auch der vielerorts angestellte Vergleich mit Karl-Heinz Grasser. Um hier vorhandene Parallelen aufzuzeigen, muss Landwirtschaftsministerin Elisabeth Köstinger nicht erklären, dass Kurz für diese abscheuliche Korruptionsstaatsanwaltschaft zu jung, zu intelligent und zu schön sei. Es reicht zum Beispiel der Hinweis auf eine personelle Konstante bei den Karrieren von Kurz und Grasser. Der in der Inseratenaffäre wegen Bestechlichkeit und Untreue als Beschuldigter geführte Johannes Pasquali – neben Thomas Schmid im Finanzministerium der wichtigste Kontaktmann zu den Fellner-Medien – war nämlich schon seinerzeit dabei, als Karl-Heinz Grasser seine legendäre Homepage als »New Economy«-Geschäftsmodell entwickelte. Zum Thema »verdeckte Finanzierung von Politikern« ein frühes Meisterstück an Unverschämtheit. Damals ging es um eine großzügige Spende der Industriellenvereinigung. Heute geht es um eine großzügige Spende der österreichischen Steuerzahlerinnen und Steuerzahler.

Wir alle durften den politischen Aufstieg von Sebastian Kurz mutmaßlich mitfinanzieren; vielleicht ein Grund, warum es manchen so schwerfällt, diesen Verlust abzuschreiben. Doch das scheint unvermeidlich, denn die Chance, von Kurz oder seiner Partei Geld zurückzubekommen, ist ähnlich hoch, wie von Betreibern eines Pyramidenspiels zu hören: »Wir sind draufgekommen, dass das auf längere Sicht nicht funktionieren kann, tut uns leid, ihr kriegt alle eingezahlten Beträge retour.«

Pasquali ist außerdem im vierten Wiener Gemeindebezirk Bezirksparteiobmann der ÖVP. Zuvor war er Bezirksrat der FPÖ, seinen

Wechsel begründete er bemerkenswert: »Ich habe mich gefragt, warum ich beim Schmiedl bleiben soll, wenn es auch den Schmied gibt.« Im Finanzministerium fand er dann prompt Thomas Schmid. Und im Weiteren einen guten Draht zu Wolfgang Fellner. Dieser behauptete, dass die Razzia bei seiner käuflichen Gratiszeitung rechtswidrig gewesen sei. Was natürlich nicht stimmt. Eine bei Aussagen von Fellner zumeist überflüssige Ergänzung in der Art von »der Regen ist heute wieder nass«. Möglicherweise verbirgt sich aber hier der Ansatz für eine neue Verteidigungsstrategie des *Österreich*-Herausgebers: Angesichts seiner generell rudimentären Glaubwürdigkeit könnte ein Geständnis als starkes Indiz für seine Unschuld gewertet werden.

Doch Wolfgang Fellner ist nicht nur Beschuldigter, sondern auch Ankläger. Vor einem halben Jahr har er die Republik Österreich geklagt, weil er seiner Meinung nach zu wenig Presseförderung von ihr bekommt. Diese Chuzpe-Rekordleistung hat er noch übertroffen, indem er die Mitglieder der Presseförderungskommission persönlich geklagt hat. Aber nicht alle. Drei Mitglieder hat er verschont. Einer der Verschonten ist der eingangs erwähnte Johannes Pasquali.

Wir Steuerzahler haben in diesem Fall also eine echte Innovation ermöglicht: Mit unserer Unterstützung wurde ein neuartiges kriminal-ökonomisches Crossover-Phänomen aus Investorenschutz und Schutzgeld-Erpressung erschaffen.

*Es wäre ungerecht zu behaupten, dass wir für unser Geld nichts bekommen. Wolfgang Fellner liefert nach wie vor einen Gag nach dem anderen.*

## Der Prophet und Schuld-Erkenner

»Es gibt bei uns keine Vermischung von Redaktion und Inseraten«, schrieb Wolfgang Fellner in seinem käuflichen Gratisblatt *Österreich*. Das ist so, als würde der Besitzer einer Jauchengrube erklären: »Es gibt bei uns keine Vermischung von Kot und Urin.«

Es wirkt rührend, wenn andere Medien, wie zum Beispiel das Wochenmagazin *profil*, sich die Mühe machen und die gesammelten Prophezeiungen Wolfgang Fellners einem Faktencheck unterziehen. Also einer Art Luftdruckmessung im Vakuum. Natürlich kommt dabei heraus, dass praktisch nichts gestimmt hat. Eine meiner Lieblingsprognosen von Fellner habe ich mir ausgeschnitten und aufgehoben. Sie stammt aus dem Dezember 2019, als er zur Bildung der türkis-grünen Bundesregierung unmissverständlich klarstellte: »Lothar Lockl steht als grüner Außenminister fest. Josef Meichenitsch wird Staatssekretär. Juliane Bogner-Strauß wird das Familien,- Jugend- und Frauenressort weiterführen.«

Ein paar Tage später kamen ihm dann Zweifel, und er korrigierte nicht minder hellsichtig:

»Bogner-Strauß könnte Bildungsministerin werden, weil das Familien/Jugend/Frauen-Ressort bekommt Sigi Maurer.«

Ein Tipp an alle Politiker: Sollten Sie irgendwann Minister werden wollen, achten Sie darauf, dass Wolfgang Fellner Sie nie als solchen vorhersagt.

Aber nicht nur in der Zukunft, auch in der Gegenwart erkennt der Mann, der mit seinem Wirken schon lange die Grenze zwischen Meinung und Lüge für sich als irrelevant definiert, was anderen verborgen bleibt. Die Frage »Wer ist schuld an diesem ganzen Corona-Desaster?« wird von ihm wahrhaft verblüffend beantwortet: »Die

Aktion der Grünen, mit den Chat-Protokollen von Thomas Schmid die Regierung zu jenem Zeitpunkt lahmzulegen, als die Pandemie dramatisch wurde.«

Das gehorcht einer exzentrischen Form von Logik. Sebastian Kurz hatte zuvor die Pandemie für beendet erklärt. Nachdem er, bedingt durch die Chat-Protokolle, nicht mehr im Amt war, hat sich die Pandemie gedacht: »Na ja, dann brauch ich mich nicht mehr an diese Anweisung halten.«

Und prompt war sie nicht beendet. Danke, Grüne!

Ich bin überzeugt, eine Umfrage für den Fellner-Sender *oe24* von Susanne Beinschab zu dieser Erklärung hätte ergeben, dass 60 Prozent der Österreicherinnen und Österreicher das genauso sehen, 30 Prozent meinen, schuld ist die Wirtschafts- und Korruptionsstaatsanwaltschaft, und 10 Prozent sagen, schuld sind die hysterischen Weiber, die schon ein Theater machen, nur weil ein investigativer Zeitungsherausgeber in ihren Kleidern nachschauen will, ob die wirklich von Chanel sind.

*Die Sache mit Fellners Chanel-Kleid-Investigation war dann auch Gegenstand einer Gerichtsverhandlung, bei der es ihm gelang, in neue Peinlichkeits-Dimensionen vorzudringen.*

## No News statt Fake News

»Das is frei erfunden«; »gehört nicht zu meinem Sprachgebrauch, sicher nie, unter Garantie«; »habe ich noch nie in meinem Leben gesagt!« Das erklärte Wolfgang Fellner vor Gericht zu diversen ihm zugeschriebenen hochnotpeinlichen Äußerungen. Als daraufhin der Anwalt der Gegenseite das Abspielen eines Tonbandes ankündigte, auf dem all diese Äußerungen zu hören seien, zog Fellner es vor, die Aussagen zuzugeben. Die daraus generierte Meldung »Wolfgang Fellner des Lügens überführt« scheint jedoch von überschaubarem Neuigkeitswert und wirkt ein bisschen wie »Specht beim Klopfen ertappt«.

Als allgemein bekannt gilt, dass Fellners Verhältnis zur Wahrheit extrem instabil auf nur einem Bein steht, nämlich einem Kriegsfuß. Umso überflüssiger erscheint es, dass, laut Staatsanwaltschaft, die türkise ÖVP ausgerechnet ihn für die Veröffentlichung von manipulierten Umfragen belohnt haben soll. Fellners zeitungsähnliches Produkt *Österreich* für das Verbreiten von Fake News mit Steuergeld zu bezahlen, ist wie die Vergabe einer staatlichen Holzfraß-Prämie für Termiten.

Eine Fleißaufgabe, zumal es beim Thema »Inseratenkorruption« auch Geschäftsmodelle gibt, die weniger auf die Publizierung von Unwahrheiten setzen. Zum Beispiel jenes der SPÖ Wien. 170 720 Euro Steuergeld hat der städtische Presse- und Informationsdienst an einen SPÖ-nahen Verlag gezahlt. Offiziell für Inserate in *Preview*, einem dünnen, billigst produzierten, nicht in Trafiken erhältlichen Heftel im A5-Format, gefüllt mit alten, ohne Genierer von Webseiten der Stadt Wien herunterkopierten Texten. Also keine Fake-News, sondern No News.

Drei Jahre lang hat die Stadtverwaltung gekämpft, um diesen Inseratendeal geheim zu halten, nun hat *Dossier* die Veröffentlichung vor Gericht erwirkt. Als Nächstes sollen weitere 16 954 Belege zu möglichen Inseratengeschäften von den Gemeindevertretern vorgelegt werden, deren heftige Gegenwehr auf hohe Eisberg-Wahrscheinlichkeit unterhalb der von *Dossier* freigelegten Spitze schließen lässt.

Für Wolfgang Fellner hingegen könnte eine Neuorientierung Richtung No News zum Gebot ökonomischer Vernunft werden. Die Erfolgschance seiner Klage gegen die Republik Österreich auf 500 000 Euro Presseförderung leidet unter der Tatsache, dass Presseförderung laut Gesetz nur Zeitungen zusteht, die mehr Exemplare verkaufen als verschenken. Fellner behauptete deshalb, dass es sich bei der Gratisausgabe von *Österreich* und der käuflichen Version (ein bei Fellner-Medien stets passender Begriff) »um jeweils eigenständige journalistische Produkte handelt«. In einem vom *Standard*-Redakteur Harald Fidler produzierten Video kann man das überprüfen. Beide Zeitungen haben jeweils 24 Seiten, wovon 23 komplett identisch sind. Nur das Titelblatt ist unterscheidbar. Laut Firmenangaben hat die eine Zeitung 67 Mitarbeiter, die andere sechs. Daraus folgt: 61 Mitarbeiter nur für das Cover.

Im Sinne von »No News statt Fake News« könnte Fellner künftig auf dieses Feigen-Titelblatt zu Gunsten eines kopierten Covers verzichten. Die dadurch verpasste Presseförderung sollte durch die Personaleinsparung locker kompensiert werden.

*Zweifelsfrei ist Wolfgang Fellner eine der verlässlichsten Konstanten im Skandal-Geschehen der österreichischen Innenpolitik. Natürlich war auch im Ibiza-Video von ihm die Rede. Und natürlich vom großen Konkurrenten, der* Kronen-Zeitung.

## Piraten am Flaggschiff

Meine Angewohnheit, mir Fundstücke aus Zeitungen auszuschneiden, wirkt heutzutage wie die trotzige Marotte eines hartnäckigen Print-Fans. Doch manchmal beschert mir diese Methode Preziosen, die man nicht im Internet findet. Im konkreten Fall ein halbseitiges, in Form eines Briefes von HC Strache gestaltetes Inserat der FPÖ, das am 11. April 2019 in der *Kronen-Zeitung* erschienen ist. Neben einem Foto des strahlend lächelnden Vizekanzlers steht die Überschrift: »Unsere ›Krone‹: Flaggschiff und ein Stück Heimat«. Darunter erfährt man, dass das Flaggschiff *Krone* »ein Stück Heimat ist, das man vermisst, wenn man im Ausland ist«.

Mittlerweile wissen wir, welche *Krone*-Delirien dieses »Vermissen« beim Ex-Obmann der »sozialen Heimatpartei« auslösen kann, sobald er sich im Ausland Ibiza befindet.

Dass diese Insel nun als »neues Knittelfeld« bezeichnet wird, scheint aber hinterfragenswert, zumal es doch beträchtliche historische Unterschiede gibt. Allein, was die aktionistische Selbstmord-Symbolik betrifft: Hatte sich die FPÖ am Knittelfelder Parteitag 2002 durch den Kärntner Nationaldolm Kurt Scheuch auf offener Bühne zerreißen lassen, so ließ sie sich diesmal durch eine Pistolen-Pantomime des Russen-Büttels Johann Gudenus umnieten. (Das Wort »umnieten« erscheint angesichts des Schützen in mehrfacher Hinsicht passend.) Konnte man einst in der steirischen Eisenbahnerstadt noch eine, vom Rausch der Gefühle ausgelöste, kollektive Blicktrübung als Ausrede bemühen, so kann man sich jetzt auf der balearischen Gasgeber-Insel nur auf plötzliche Schneeblindheit berufen.

Was die daraus zu ziehenden Lehren für uns alle anbelangt, gibt es ebenfalls einen wesentlichen Unterschied: Durfte man 2002 die Einsicht, dass die FPÖ nicht regierungsfähig ist, noch mit einer gewissen Nachsicht als Neuigkeit interpretieren, so birgt sie 2019 einen Erkenntniswert à la »in der Dunkelheit sieht man nicht so weit wie bei Tageslicht, wo man weiter sieht«. Das Ignorieren dieser Realität, wie es von einigen Regierungs-Propagandisten über eineinhalb Jahre praktiziert wurde, muss so gesehen – um beim Vergleich mit der Dunkelheit zu bleiben – nicht unbedingt als bewusstes Lügen beurteilt, sondern könnte als temporäre Umnachtung entschuldigt werden.

Das soll aber nicht heißen, dass aus dem weiter gärenden Ibiza-Sumpf nicht auch Neues erwachsen könnte. Zum Beispiel Erkenntnisse der Korruptionsstaatsanwaltschaft über illegale Parteienfinanzierung und die diesbezüglichen Befindlichkeiten des Waffenproduzenten Gaston Glock, des Immobilienspekulanten René Benko oder des Glücksspielkonzerns Novomatic. Oder die enttäuschende Einsicht für den Neonazi Gottfried Küssel, dass sein Wissen über »lustige Auftritte« eines »im stillen Kämmerlein den großen Nationalsozialisten Spielenden« rasant an Sprengkraft verliert, wenn es sich dabei nur mehr um einen Ex-Vizekanzler handelt. Und auch das »Flaggschiff *Krone*« könnte, nachdem die blauen Möchtegern-Piraten vor Ibiza über die Planke gegangen sind, künftig daran arbeiten, dass Straches Ansage, »Journalisten sind die größten Huren«, widerlegt wird. Vielleicht hatte der Mann einfach nur zu viel Kontakt mit Wolfgang Fellner.

*Wolfgang Fellner wurde von HC Strache im Ibiza-Video als »Schneebrunzer« bezeichnet. In den später enthüllten Chats von Thomas Schmid ist er das Zielobjekt von Geldscheißern. Immerhin ein Aufstieg. Überhaupt verdanken wir den Handys von Strache und Schmid sehr viel Erkenntnisgewinn. In diesem Zusammenhang gelang es mir, einmal als Investigativjournalist zu pfuschen und eine zuvor noch unveröffentlichte SMS-Nachricht der staunenden Öffentlichkeit zu präsentieren.*

# Paintball war gestern

Es gibt vieles, wofür man als Bürgerin oder Bürger der Republik Österreich den Machern des Ibiza-Videos dankbar sein kann. Zum Beispiel dafür, dass Herbert Kickl heutzutage, um den Kapo der rechtsextremen Identitären-Bewegung, Martin Sellner, zu unterstützen, auf eine Demo gehen kann und nicht wie vormals eine Razzia im Bundesamt für Verfassungsschutz und Terrorismusbekämpfung (BVT) veranlassen muss. Oder für die Schaffung eines öffentlichen Bewusstseins für die schleichende Unterwanderung österreichischer Politik durch den Automatenglücksspielkonzern Novomatic. Am meisten aber vielleicht für die Beschlagnahme der Handys von HC Strache und Thomas Schmid.

Die Auswertung dieser beiden Datenträger hat mittlerweile einen gewissen Wettkampf-Charakter angenommen. »ÖVP drängt auf schnellere WKStA-Auswertung der Strache-Chats«, vermeldeten die Zeitungen. Die Chats des ehemaligen Vizekanzlers seien laut der türkisen ÖVP nämlich »wichtigeres Beweismaterial als jene des ÖBAG-Chefs«.

Grund für diese Forderung ist die berechtigte Sorge wegen des über den Köpfen der Kanzlerpartei schwebenden Damokleshandys von Thomas Schmid. Diese Sorge beruht einerseits darauf, was bisher von den dort gespeicherten etwa 334 000 Nachrichten schon bekannt wurde, zum größeren Teil aber auf dem, was noch kommen wird. Was die Brisanz betrifft, werden die Strache-Chats vermutlich nicht mithalten können. Doch deshalb sollte man den durch sie ermöglichten Erkenntnisgewinn nicht geringschätzen. Schmid gewährt Einblicke in bizarre Verhältnisse im innersten Machtzirkel der Türkisen, Strache offenbart sein bizarres Verhältnis zur Welt und zu sich selbst.

Seine Nachrichten erlauben tiefe, verblüffende, aber auch verstörende Einsichten in die Persönlichkeit eines der bis vor kurzem wichtigsten Politiker Österreichs. Über diese Persönlichkeit haben wir in den vergangen Jahren vieles gelernt. Das Meiste lässt auf eine wesentliche Motivation ihres Wirkens schließen: Angstgetriebenheit.

Wir wissen, dass Strache einer Wahrsagerin 6000 Euro bezahlt hat für »Kraft, Energie, Schutzmantel bei Auftritten und Schutz für In- und Ausland«. Zu diesem Zweck hat er auch eine geweihte eiförmige Messingschale in seiner Unterhose getragen. Wir wissen, dass die FPÖ auf seine Initiative hin eine Pension in St. Jakob im Defereggental gekauft hat, als Versteck für Goldbarren und Rückzugsort im Falle eines von Strache befürchteten Bürgerkriegs.

Strache ist offensichtlich ein äußerst furchtsamer Mensch, der sich mit unterschiedlichen Mitteln gegen Gefahren zu schützen versucht. Wir kennen Bilder, auf denen er mit Waffen bei Wehrsportübungen posiert. Er hat das später als »Jugendsünde« und »Paintball-Spiele« bezeichnet. Wie weit er dabei den Begriff »Jugend« interpretiert, kann man diskutieren. Fest steht: Paintball war gestern.

Im Zuge der Recherchen für ein Drehbuch über die Ibiza-Affäre, das ich derzeit gemeinsam mit Jan Böhmermann, Hanna Herbst, Sebastian Huber und David Schalko schreibe, sind wir auf eine unveröffentlichte Nachricht Straches an einen engen Mitarbeiter gestoßen. Sie lässt darauf schließen, dass der Ex-Vizekanzler und Ex-Wehrsportler die Paintball-Phase weit hinter sich gelassen und mittlerweile einen deutlich anspruchsvolleren Zugang zu diesem Thema hat. So liest sich zumindest seine ziemlich detaillierte Wunschliste:

»Brauche versperrbaren Waffenschrank für Büro oben in Weidling für Langwaffen. Folgende Langwaffen hätte ich gerne: 1) Zweiläufige Schrotflinte mit Hahn und Sicherung 2) Pinelli (Schrott, Halbautomat, 10 Schuss) 3) Steyr Sturmgewehr mit Zielfernrohr … Laserpoin-

ter für meine Babyglock … Nur die entsprechend starke Munition für alle Waffen … Ausreichend Munition. Bitte auch bei unserem Bezirksrat Martin Kruschitz nachfragen …« Dazu drei Anmerkungen. FPÖ-Bezirksrat Martin Kruschitz ist Waffenhändler, mit »Pinelli« meint Strache vermutlich den italienischen Waffenhersteller Benelli, dessen halbautomatische Flinten mit Schrot schießen, und nicht, wie von Strache geschrieben, mit Schrott. Und bei »Babyglock« handelt es sich nicht um einen Spitznamen von Johann Gudenus, sondern um eine Selbstladepistole im Kaliber 9 mal 19 Millimeter, die sich durch ihre Bauweise besonders gut zum verdeckten Tragen eignet.

Was HC Strache mit dieser Bestellung vorgehabt hat, wissen wir nicht. Mit hoher Wahrscheinlichkeit ist jedoch davon auszugehen, dass er in der Vergangenheit nicht nur die geweihte eiförmige Messingschale bei sich getragen hat.

Zwei Fragen drängen sich auf: Warum braucht ein Vizekanzler ein Sturmgewehr? Und warum macht man einen Mann, der ein Sturmgewehr braucht, zum Vizekanzler unseres Landes?

Eines wissen wir aber jetzt: Man wurde und wird Strache nicht gerecht, wenn man ihn als paranoiden Spinner abtut, der einen Schuss hat. Offenbar hat er sehr viel mehr.

*Zur Sicherheit noch einmal: Ja, das Strache-SMS ist echt. Über den Inhalt noch geheimer Nachrichten von ihm habe ich zuvor aber auch schon einmal spekuliert.*

## Aktenzeichen HC ... ungelöscht

Bei seinem Auftritt vor dem parlamentarischen Untersuchungsausschuss gab Sebastian Kurz zu erkennen, dass sein Prinzip Message Control auch für sein eigenes Mobiltelefon gilt. Der Bundeskanzler erzählte, dass er SMS-Nachrichten regelmäßig löscht, manchmal sogar noch bevor er ihren Inhalt kennt. »Strache hat mir mehr SMS geschrieben, als ich lesen kann«, verriet er und gab damit Anlass für Spekulationen: Welche Nachrichten von Strache sind Kurz im Lauf der Jahre dadurch entgangen? Vielleicht diese:

»Hallo Sebastian, ich glaub, ich bin der Einzige im Parlament, der genau so viel auf seinem Handy spielt wie du. Ich weiß, du stehst voll auf Candy Crush, wo man so Süßigkeiten vom Baum pflücken kann, aber ich find, Clash of Clans ist geiler. Da muss man das eigene Dorf gegen Feinde verteidigen und drauf schauen, dass man genug Goldreserven hat. Wie im richtigen Leben. Wenn du es geschickt machst, so wie ich, brauchst du nicht mehr als 3000 Euro im Monat und hast dann ein Dorf, das kein Feind mehr einnehmen kann. Das ist gut angelegtes Geld, weil man voll strategisch denken lernt. Magst einmal mit mir spielen? Ich glaub, wir wären ein Superteam!«

»Hi Basti, ich hab vorige Woche top secret auf Ibiza eine urreiche Russin gedatet. Die macht so extrem auf diskret, dass sie sogar alle ihre Spuren im Internet gelöscht hat. Und stell dir vor, die will auch voll geheim die *Kronen-Zeitung* kaufen! Ich soll ihr helfen, und dann schreiben die dort zack-zack nur mehr, was ich will. Oder nach der Wahl dann, was du und ich wollen! Hast Interesse? Ich weiß: Dir gute Berichterstattung in der *Krone* versprechen ist wie dem Putin gute Nachrede bei Russia Today garantieren. Aber suchst du nicht noch ein Geburtstagsgeschenk für den René Benko?«

»Mein Joschi Gudenus hat mir schon wieder die voll ärgeren Storys von deinem Buddy Martin Ho erzählt. Frag vielleicht mal deinen Thomas Schmid, ob da was dran ist.«

»Haha, wie du gestern im Fernsehen gesagt hast, du wirst mit allen Parteien ergebnisoffen verhandeln, hab ichs ganz kurz sogar selber geglaubt!«

»Okay, dein Argument hat mich überzeugt. Wenn ich die Uschi Stenzel zur Ministerin mach, wär das genauso eine Verhöhnung des Amtes, wie wenn du das mit der Aschbacher oder der Tanner machen würdest. Es muss Grenzen geben.«

»Wie macht ihr das eigentlich mit Novomatic-Spenden? Könntest du mir diesbezüglich mal die Nummer vom Sobotka schicken.«

»Nur weil bei euch jetzt alle so tun, als wäre Sidlo die peinlichste und unqualifizierteste FPÖ-Doppelnull aller Zeiten: Schon wieder vergessen, wen wir aller in der Nationalbank endgelagert haben?«

»Hab noch immer nicht ganz gecheckt, was da bei dir diesbezüglich so abgeht, geht mich auch nix an, aber ganz grundsätzlich: Interesse an günstigem Cialis?«

»Du hast mir nie auf mein SMS wegen Russin und *Kronen-Zeitung* geantwortet. Fürchte, die Sache hat sich jetzt erledigt.«

»Könnte dein Arno auch für mich was schreddern? Mir droht nämlich Hausdurchsuchung. Stimmt es, dass man sich dagegen absichern kann, indem man Stefan Steiner zum Fenster stellt? Und überhaupt: Weißt du, ob und wie man Chats und SMSen im Nachhinein wieder löschen kann?«

*Mittlerweile hat ein Spendenaufruf Straches für Aufsehen gesorgt. Im ersten Moment dachte ich, er braucht eine Organspende, denn ein italienischer Neurochirurg hat vor einiger Zeit angekündigt, Gehirntransplantationen durchführen zu können. Aber nein, es geht um Geld. Strache will für sich selber Spenden einsammeln, damit er seine Anwälte bezahlen kann. Die daraufhin von manchen gestellte Frage »Warum probiert er es nicht einmal mit Arbeit?« erscheint mir ein wenig ungerecht, zumal sie einen Aspekt ignoriert, der viel zu selten öffentlich wahrgenommen wurde: Straches Karriere als Businessman. Nicht einmal in seiner eigenen Biographie finden diese Sternstunden seines Lebenswegs Erwähnung.*

## Vom Bumsternazl zum Businessman

Kaum war die erste vom Objekt der Huldigung persönlich autorisierte HC-Strache-Biographie mit dem gewagten Titel »Vom Rebell zum Staatsmann« im auf völkische Beobachter alternativer Fakten spezialisierten Stocker-Verlag erschienen, hagelte es Kritik.

*Kleine Zeitung*, *Presse* und *Standard* bemängelten unter anderem die »großzügige Aussparung von Straches Vergangenheit im Neonazi-Milieu« und dass sein väterlicher Freund und Beinahe-Schwiegervater Norbert Burger, Österreichs engagiertester Nationalsozialist nach 1945, unerwähnt bleibt. Das finde auch ich schade, denn so erfährt die Leserschaft nicht, ob Straches Spitzname »Bumsti« vielleicht aus dem, als Referenz an den Südtirol-Bumser Burger und Straches damaligen privaten und politischen Beziehungsstatus gewählten, Decknamen »Bumsternazl« entstanden ist.

Mag Fans des Vizekanzlers die Auslassung dieser biographischen Stationen noch nachvollziehbar erscheinen, so wirkt ein anderer blinder Fleck des Buches geradezu fahrlässig: Mit keinem Wort wird auf Straches unternehmerische Tätigkeit eingegangen. Anders als viele Politiker hat er sich mutig auf das Abenteuer Wirtschaft eingelassen. Deshalb erlaube ich mir, eine entsprechende biographische Würdigung des Businessman HC nachzureichen: »Unbeeindruckt von der engstirnig wirtschaftsfeindlichen Gesetzgebung bezüglich beruflicher Nebeneinkünfte von Landtagsabgeordneten, war Strache mehrere Jahre für die Ofenrohr-Firma seines Parteifreundes Gerhard Bauer tätig und wurde dabei, laut Angaben des Unternehmens, für die ›Marktbeobachtung des kroatischen Ofenrohr-Marktes‹ bezahlt. Es zeugt von Großmut und Bereitschaft zum Brückenbauen, dass sich der bekennende Serbien-Freund Strache dieser Herausforderung gestellt, völlig unvoreingenommen in kroatische Röhren geschaut und visionär die Wahrheit hinter den Öfen hervorgelockt hat. Als Höhepunkt seiner unternehmerischen Tätigkeit muss man aber die gemeinsam mit Gernot Rumpold gegründete ›Care Partners Gesundheitsfinanzierung GmbH‹ bezeichnen sowie die von ihr erdachte ›Easy-Dent-Card‹ – eine Art Kreditkarte für Zahnarztleistungen. In dieser Idee offenbart sich Straches nimmermüdes Engagement für die Sorgen und Nöte des kleinen Mannes. Denn anders als bei herkömmlichen Konsumkrediten für Häuser oder Autos ist der Zugriff des Gläubigers auf die vom Schuldner mit dem geborgten Geld erworbenen Güter (Plomben, Kronen, Brücken etc.) eher schwierig und nur mit Einsatz körperlicher Gewalt möglich. Bedauerlich, dass diese Revolution des Kreditwesens vom Markt nicht belohnt, und die Firma liquidiert wurde.«

Geschichten wie diese führen dazu, dass Straches Handlungen sogar von kritischen Beobachtern tendenziell verharmlost werden. »Verglichen mit den Schmid-Chats, ist das Ibiza-Video eine Kinderjause«, hieß es an einer Stelle. Das ist zwar nicht ganz unrichtig, aber der ehemalige FPÖ-Chef versucht solche Relativierungen zu nutzen, etwa indem er im TV-Studio bei einem von ihm zuvor als »Schneebrunzer« bezeichneten Meinungsverkäufer sitzt und dort behauptet, er wäre auf Ibiza zu keiner korrupten Handlung bereit gewesen.

Das ist natürlich ein Märchen, das sich am einfachsten widerlegen lässt, indem man sich das – bei Fellner nicht gezeigte – Ende des Videos anschaut. Strache sagt da zu Gudenus über die vermeintliche Oligarchin: »Schau: Sag ihr jetzt bitte, wir fahren jetzt. Sie kann immer offen mit uns reden. Sie ist der einzige Gesprächspartner. Wenn sie die Krone kauft, machen wir ihr die anderen 50 Prozent auf. Sie wird in uns immer – Joschi hör zu –, immer einen offenen und ehrlichen Gesprächspartner haben, wir diskutieren da nicht mit zwei oder drei anderen Seiten, das muss ihr klar sein. Mach das ihr jetzt klar, Joschi. Mach das klar. Mach das klar … Joschi, geh jetzt hinein, mach das jetzt klar.«

Und Joschi ging in die Küche zur »Oligarchin« und »machte klar«.

So viel zur Korruptions-Resistenz Straches.

*Auch bei einem anderen Thema ließ Strache auf Ibiza Haltungen erkennen, die alles andere als harmlos sind.*

## Financial Distancing jetzt!

Während an allen Orten über kommende Corona-Wellen spekuliert wird, gibt es nun eine gänzlich neue Seuchenwarnung. In Ungarn hat ein gefährliches Virus aus einer Demokratie eine Kleptokratur gemacht, die dieser Tage zur Diktatur mutiert. Für die Länder der EU gilt daher: Vorsicht vor Ansteckung! Abstand halten! Financial Distancing ist dringend geboten!

An sich eine Selbstverständlichkeit, auf die man aber trotz der unter Hashtags wie »Wir sind Team Europa« oder »Internationaler Schulterschluss« gezeigten Bereitschaft zur Bekämpfung des Virus immer wieder hinweisen muss. Denn leider gibt es zahlreiche Verharmloser, auch unter den Experten. Man stößt auf Verdrängung, wie beispielsweise bei Sebastian Kurz, der meinte, er hätte »keine Zeit«, sich mit der Gefahr auseinanderzusetzen, aber auch auf extrem fragwürdige Vorschläge für Schutzmaßnahmen wie etwa von Europaministerin Karoline Edtstadler, die eine nicht öffentliche Gesprächstherapie für ausreichend hält.

Noch schlimmer sind jene, die eine Ansteckung nicht nur bewusst in Kauf nehmen, sondern sie auch noch absichtlich herbeiführen. Kaum zu fassen, aber es werden zu diesem Zweck tatsächlich »Orbán-Partys« veranstaltet. Das heimlich gefilmte Video einer solchen Zusammenkunft im Sommer 2017 zeigte unter anderen den ehemaligen Vizekanzler HC Strache dabei, wie er völlig ungeniert die Vorzüge der Orbánisierung preist und konkret die Dienste des Virenträgers Heinrich Pecina für eine gezielte Infizierung der österreichischen Medienlandschaft vorschlägt. Dass Strache selbst infiziert ist, weiß man spätestens seit Jänner 2018, als er öffentlich erklärte: »Hätten wir die absolute Mehrheit, könnten wir es wie der Orbán machen!« Seither gilt Strache in Österreich zwar als »Patient Doppel-Null«, die über ihn verhängten Quarantäne-Maßnahmen werden aber häufig ignoriert, weshalb es in seinem Umfeld immer wieder zu Ausbrüchen kommt.

Dabei könnten wir gerade aus dem Verlauf der Infektion bei Strache einiges über das Virus lernen. Die beim ehemaligen Vizekanzler verstärkt aufgetretenen Symptome (Spesenbetrug, Korruptionsbereitschaft, Vetternwirtschaft für Familienangehörige) lassen uns das wahre Wesen von Orbán besser erkennen. Denn oft verlaufen Debatten darüber ideologiegeprägt. Da geht es um Fragen wie: Ist Orbán noch ein Rechtspopulist oder schon ein Rechtsextremer? Ist er Schein-Demokrat oder Anti-Demokrat? Ist er Rassist oder generell ein Menschenfeind? Doch das wird seiner wahren Natur nur bedingt gerecht, denn die DNA Orbáns beruht in erster Linie auf ideologieflexibler Kriminalitätsbereitschaft. Korruption, Betrug, Diebstahl und Zusammenarbeit mit international gesuchten Verbrechern werden von ihm und seinem Familienclan seit Jahren praktiziert. Vor allem auf Kosten der europäischen Steuerzahler, denn in keinem anderen EU-Land werden mehr europäische Fördergelder missbraucht als in Ungarn.

Deshalb muss das Gebot der Stunde lauten: Stay at home! Unsere EU-Fördergelder für Orbán bleiben zu Hause. Financial Distancing jetzt!

*Auch dieses Virus ist nach wie vor hochansteckend und gefährlich. Unser Wissen über seine Struktur ist aber ebenfalls größer geworden.*

## Orbán – richtig verstanden

Kaum hatte die ÖVP den Schock überwunden, dass in der öffentlichen Aufarbeitung des Ibiza-Videos nun öfter von Käuflichkeit, Postenschacher und verdeckter Parteienfinanzierung sowohl bei den Türkisen als auch bei den Blauen die Rede war, drohte schon die nächste, in die gleiche Richtung gehende, Fokus-Verschiebung. Nach Bekanntwerden der, laut HC Strache von einem »Wahrheitsliquid im Sushi-Reis« ausgelösten, Finca-Monologe des »Red Bull brothers from Austria« schien es klar, wer in Österreich für Orbánisierung steht: »Wir wollen eine Medienlandschaft ähnlich wie der Orbán aufbauen. Wir haben da einen sehr, sehr engen freundschaftlichen Zugang mit unserem Pecina. Der hat dem Orbán alle ungarischen Medien der letzten 15 Jahre aufgekauft und für ihn aufbereitet«, erklärte Strache unmissverständlich.

Doch wenn jetzt hierzulande vor drohender Orbánisierung gewarnt wird, redet keiner mehr von der FPÖ. Stattdessen wurde rund um die Ernennung des neuen ORF-Generaldirektors im Herbst 2021 oder bei strategischen Überlegungen wie »Niemand braucht für diesen Job einen Pecina, wenn er dafür einen Benko hat« stets Sebastian Kurz als potentieller Orbánisator genannt.

Höchste Zeit also für die Frage: Wofür steht denn Viktor Orbán wirklich? Praktischerweise gibt es darauf eine zwar nicht in Stein gemeißelte, aber immerhin in Metall gravierte Antwort. Orbán hat an seinem Amtssitz auf der Burg von Buda eine Metalltafel mit sieben »Gesetzen« anbringen lassen. Diese Gesetze sollen »den Fortbestand des ungarischen Volkes sichern«. Dabei handelt es sich nicht, wie man vielleicht annehmen könnte, um Aufforderungen zu ungeschützten Kopulationsaktivitäten, sondern um eine forsch formulierte Zusammenfassung Orbán'schen Denkens, dessen Grundlagen aber nur mit entsprechenden Erklärungen zu verstehen sind. Mit diesen Thesen will der ungarische Ministerpräsident sein Volk retten:

»Die Heimat besteht nur so lange, solange es jemanden gibt, der sie liebt!«

Im Fall von Orbán muss man ergänzen: Die Heimat besteht auch weiter, wenn es niemanden mehr gibt, der sie ausraubt.

»Ohne Stärke ist die Gerechtigkeit nur wenig wert!«

Ohne funktionierenden Rechtsstaat und unabhängige Justiz wie derzeit in Ungarn ist die Gerechtigkeit allerdings noch viel weniger wert.

»Uns gehört nur das, was wir verteidigen können!«
Bei Orbán und seinem Familienclan scheint das auch für Diebesgut und veruntreute EU-Fördergelder zu gelten.

»Jedes ungarische Kind ist ein neuer Wachtposten!«
Eine gute Nachricht für den Fall, dass Orbán eines Tages dort landet, wo er jetzt schon hingehörte, nämlich hinter Schloss und Riegel.

»Jedes Match dauert so lange, bis wir es gewinnen!«
Mit dieser Verhöhnung von Regeln hat es schon Donald Trump bei der US-Präsidentenwahl versucht. Für die nächste Wahl in Ungarn ist Ähnliches zu befürchten.

»Grenzen hat nur das Land, die Nation hat keine!«
Offenbar kennt auch Orbáns Chuzpe keine Grenzen.

»Kein einziger Ungar ist allein!«
Das stimmt zumindest für Orbán, bei dem man sich schon längere Zeit denkt: Der Mann ist nicht ganz allein. Außerdem hat er prominente Fans, auch in Österreich.

*Die Orbánisierung der Medien hat für Strache dann doch nicht geklappt. Es ist verständlich, dass er vor lauter Enttäuschung selbst zum Medienmacher werden wollte.*

## Sprachrohrbruch

Vor ein paar Jahren erzählte mir ein namhafter Fernsehjournalist von einem Hintergrundgespräch, das er mit Dietrich Mateschitz geführt hatte. Das kopfschüttelnd vorgebrachte Fazit des Journalisten lautete: »Bist du deppat, verglichen mit dem ist der Felix Baumgartner ein Linksliberaler!« Umso überraschter war ich, als kurze Zeit später bekannt wurde, dass Mateschitz eine Plattform für investigativen Journalismus ins Leben gerufen hat. Dieses Medium namens *Addendum* lieferte in der Folge tatsächlich einige Anerkennung verdienende Recherchen, unter anderem zu Themen wie »Wie weit reicht der Arm des Glücksspiels in Österreichs Politik«.

An der für sein Fortbestehen entscheidenden Zielgruppe ist *Addendum* dann leider gescheitert: bei den über 75-jährigen Multimilliardären aus der Getränkebranche. (Wie mir Mitarbeiter des Red-Bull-Medienhauses glaubhaft versicherten, dürften Misserfolge in besagter Zielgruppe generell das einzig relevante Kriterium für die Absetzung medialer Projekte sein.) Man könnte also die Einstellung von *Addendum* damit erklären, dass die Arbeit der Rechercheplattform ihrem Gründer keine rechte Freude gemacht hat.

Mehr Gefallen hätte er vielleicht an einem anderen Medienprojekt gefunden. »Strache plante neues Medium mit Ex-Krone.at-Chef Richard Schmitt«, hieß es wenig später im *Standard*. Das klang vielversprechend und ließ einen darüber spekulieren, worüber dieses Medium wohl berichtet hätte:

»Klosterneuburg gehört zu Wien! Wie eine ordentliche Wohnraumpolitik Klosterneuburg zwischen 1938 und 1945 zu einem Wiener Gemeindebezirk gemacht hat und wie es danach vom Roten Wien ausgegrenzt wurde.«

»Welches Gesetz brauchst du? Mach mit bei unserer großen Leser-Umfrage! In Führung liegt jetzt schon das Bürgerrecht auf staatlich subventionierte Brust-Vergrößerungskliniken.«

»Traumjob Nationalratsabgeordneter! Wie man mit ein bisschen Taschen-Geld dabei ist.«

Als Name hätte sich zu Ehren Schmitts und seines journalistischen Zuganges *Schmalbart News* angeboten, und mit der von Strache selbst formulierten Stellenanzeige »Wir suchen die größten Huren auf dem Planeten« wäre auch das Finden passender Redakteure kein Problem gewesen.

Wer weiß, vielleicht hätten daraufhin auch andere, sich in ähnlicher Lage wie Strache befindliche, Prominente ihre eigenen Medien mit unterstützenden Journalisten gegründet? Karl-Heinz Grasser etwa könnte sich dabei von Michael Jeannée und Ferdinand Wegscheider helfen lassen. Aber auch andere Expolitiker könnten an diesem Modell Gefallen finden. Gerüchteweise gibt es sogar schon ein von Sebastian Kurz initiiertes Medienprojekt mit Richard Grasl, Martina Salomon und Raiffeisen-Niederösterreich-Chef Erwin Hameseder, das seine ersten Ausgaben quasi piratenmäßig unter dem Namen einer dafür gekaperten, bislang angesehenen österreichischen Tageszeitung veröffentlicht haben soll.

Solche Mediengründer sollten aber bedenken, was das Beispiel *Addendum*-Mateschitz lehrt: Auch bei der Installation von Sprachrohren kann es zu Rohrbrüchen kommen.

*Im Laufe der Ibiza-Affäre lieferte die »bislang angesehene österreichische Tageszeitung« noch weitere Gustostückerln, die dem Gerücht vom »Kurz-Nachrichtendienst« neue Nahrung gaben.*

## So verkauft man ein Gesetz

»Der Aufruhr rund um die Casino-Bestellung ist scheinheilig«, befand die Chefredakteurin des *Kurier,* Martina Salomon. Solche Vorgänge seien nicht außergewöhnlich, »man nennt es Proporz«. Nun mag es menschlich nachvollziehbar sein, dass die Chefredakteurin persönlich mit politisch motivierten Postenbesetzungen eher wenig Probleme hat, doch der ihrer Einschätzung der Casino-Affäre zugrunde liegende Spin – »Geh bitte, is halt der übliche Postenschacher. Machen doch eh alle!« – wird von nicht wenigen PR-Söldnern und Zudeckungsjournalisten der Öffentlichkeit als Beruhigungsmittel vorgesetzt. Das ist so, als würde man nach der Explosion einer von Terroristen gezündeten Autobombe eine Diskussion über die weit verbreitete Akzeptanz von Falschparken beginnen, weil das gesprengte Fahrzeug im Halteverbot gestanden ist.

Deshalb zur Klarstellung: Beim Skandal rund um die Bestellung des völlig kompetenzresistenten FPÖ-Bezirksrats Peter Sidlo in den Vorstand der Casinos Austria AG handelt es sich um einen Kriminalfall. Die Staatsanwaltschaft geht davon aus, dass der Glücksspielkonzern Novomatic nicht nur auf Wunsch der FPÖ diese Personalie durchgesetzt hat, sondern zuvor schon – so wie von HC Strache auf dem Ibiza-Video angedeutet – hohe Zahlungen an einen FPÖ-nahen Verein geleistet hat. Als Gegenleistung soll eine Unterstützung durch die Freiheitlichen bei der Erlangung einer Online-Gaming-Lizenz für Novomatic und die dafür nötige Gesetzesänderung vereinbart gewesen sein. Laut den Ermittlern hätte der auf FPÖ-Vereine ohne öffentlich erkennbaren Zweck spezialisierte Ex-Nationalratsabgeordnete Markus Tschank dabei als Verbindungsmann agiert.

Das würde immerhin die Frage beantworten, warum Johann Gudenus in den Tagen vor Veröffentlichung des Ibiza-Videos ausgerechnet mit dem auch in der siebenstündigen Filmfassung nicht namentlich genannten Tschank so oft telefoniert hat. Über den Zweck anderer, von der polizeilichen Telefondaten-Rückerfassung festgestellter, Anrufe Gudenus' im fraglichen Zeitraum kann man nur mutmaßen. Wollte er von der Österreichisch-Russischen-Freundschaftsgesellschaft vielleicht Auskünfte über ein etwaiges Oligarchinnen-Register? Oder nur über das Wetter in Moskau und die aktuelle Schneelage? Und warum hat er ausgerechnet Hubert Gorbach angerufen? Um von dessen Erfahrungsschatz zu profitieren?

Zum Thema »Verkauf von Gesetzen« hatte der von 2003 bis 2007 im Kabinett Schüssel als Vizekanzler amtierende Gorbach einst als Minister mit der für die Telekom ersonnenen »Universaldienstverordnung« Maßstäbe gesetzt. Diese brachte der Telekom rund zehn Millionen Euro zum Nachteil der Konsumenten, während Gorbach mit 270 000 Euro davon profitierte. 100 000 davon musste er zwar später als »Schadenswiedergutmachung« zurückzahlen, doch nachdem er vor Gericht für das Delikt Geldwäscherei »die Verantwortung« übernommen hatte, kam er mit läppischen 1680 Euro als Bußgeldzahlung davon.

Unter dem Strich ergab das ein sensationelles Preis-Leistungs-Verhältnis für alle Beteiligten, von dem heutige Politiker und auch Novomatic einstweilen nur träumen können. Deshalb könnte Gorbachs Rat an Gudenus gelautet haben: »The world in Ibiza is too small.«

*Vieles von dem, was durch das Ibiza-Video ans Tageslicht gebracht wurde, harrt also noch seiner Aufarbeitung. Fest steht aber jetzt schon: Wir haben allen Grund, den Videomachern dankbar zu sein.*

## Denkanstoß für Denkmäler

Seit Ausbruch der Covid-Pandemie werden klassische Smalltalk-Pausen-Überbrückungsphrasen wie »was sagst zum Wetter?« oder »das Fernsehprogramm wird immer schlechter« immer öfter abgelöst durch die stoßseufzerhaft vorgetragene Forderung »eigentlich müsste man den Machern des Ibiza-Videos ein Denkmal setzen«. Die Vorstellung, dass ohne dieses Video moralische oder intellektuelle Talsohlen wie Herbert Kickl oder Beate Hartinger-Klein sich als Minister in der Corona-Krise machtpolitisch verwirklicht hätten, erinnert als gruseliges Gedankenspiel an die Schilderung eines verhinderten Flugpassagiers, der das Boarding eines kurz darauf abgestürzten Flugzeugs durch zufällige Umstände knapp versäumt hat.

Umso erstaunlicher, dass von staatlicher Seite her der Umgang mit den für das Video Verantwortlichen keine Spur von Dankbarkeit erkennen lässt. »Es geht letztlich nur darum, den Angeklagten zu bestrafen, da er das Ibiza-Video gemacht und Teile davon veröffentlicht hat!«, erklärten die Anwälte des wegen Drogenhandels angeklagten Julian Hessenthaler. Dem hielt der Staatsanwalt entgegen, dass es nur um Kokain und nicht um Politik gehe – eine Trennlinie, die nicht immer leicht zu ziehen ist, wie man aus den Enthüllungen rund um die Lokale des Sebastian-Kurz-Buddys Martin Ho weiß.

Aber auch ein anderer Mann, ohne dessen Mitarbeit das Ibiza-Video nie gedreht worden wäre, könnte sich unbedankt fühlen: der Leiter des Bundeskriminalamtes Andreas Holzer. Ihm wurde schon am 27. März 2015 von den künftigen Video-Produzenten diverses Belastungsmaterial über HC Strache präsentiert. Unter anderem Fotos der prall gefüllten Bargeldtasche in Straches Kofferraum, in der mutmaßlich das sogenannte »Schellenbacher-Geld« transportiert wurde.

Dem mittlerweile rechtskräftig zu zwei Jahren und neun Monaten Haft verurteilten Ex-FPÖ-Abgeordneten Thomas Schellenbacher sollen ukrainische Investoren um zehn Millionen Euro sein Mandat als FPÖ-Nationalrat gekauft haben. Eine außergewöhnliche Form von Wertschätzung, welche die vermutete Käuflichkeit heimischer Politiker zumindest vom Verdacht der Billigkeit befreit.

Die Reaktion Holzers auf das für Strache den Verdacht der Untreue und Geldwäsche nahelegende Material war höchst bemerkenswert: ein – noch dazu unvollständiger – Aktenvermerk. Und sonst nichts.

Erst diese rätselhafte Untätigkeit des hohen Polizeibeamten ließ die enttäuschten Belastungsmaterial-Sammler über mögliche schärfere Munition nachdenken. Das Resultat dieser Überlegungen wurde am 17. Mai 2019 erstmals einer breiten Öffentlichkeit präsentiert und wäre ohne den eher minimalistischen Arbeitseifer Andreas Holzers wohl nie zustande gekommen. Noch zu errichtende Ibiza-Denkmäler sollten daher auch seine Leistung würdigen. Denn gerade paradoxe Interventionen können Großes auslösen und verdienen ebenso die Ehrung durch ein Memorial. So gesehen könnte ein Thomas-Schmid-Handy-Monument schon in Planung sein.

Sollte die ÖVP das alles ohne massiven Absturz in der Wählergunst überstehen, wäre ihrerseits ein Denkmal für Pamela Rendi-Wagner und Hans Peter Doskozil fällig.

*Für diesen in der Tageszeitung* Standard *veröffentlichten Text hat mich Herr Holzer zur Überraschung aller mit der Affäre Vertrauten verklagt. Dabei habe ich schon früher auf die Möglichkeit hingewiesen, dass hinter der vermeintlichen Untätigkeit der Vermittler in Wahrheit ein raffinierter Plan gesteckt hat.*

## Klüger, als die Polizei erlaubt

Enthüllungen im Konflikt zwischen der WKStA und der polizeilichen Ermittlertruppe zum Ibiza-Video Soko-Tape zeigen immer deutlicher: Die Ermittlungsmethoden der Polizeibeamten sind derartig raffiniert, dass sich ihre wahren Absichten nicht immer auf den ersten Blick offenbaren. So geschehen in der Causa des Soko-Polizisten Niko R., dessen unmittelbar nach Veröffentlichung des Ibiza-Videos an HC Strache gesandte Fan-SMS (»Lieber HC, ich hoffe auf einen Rücktritt vom Rücktritt. Die Politik braucht dich! Alles Gute für alles Weitere! Liebe Grüße, Niko.«) für die Soko zunächst einmal keinen Grund darstellte, ihn von den Ermittlungen gegen Strache abzuziehen. Über mögliche Gründe dafür rätselnd, fiel mir ein Zitat des FPÖ-Urgesteins Andreas Mölzer ein, wonach Straches Handy noch Stoff für die nächsten zehn Jahre liefern würde. Eine Art berufliche Absicherung für Investigativjournalisten und Satiriker, aber natürlich auch für die Polizei. War also die Bitte um Straches Verbleib in der Politik dem Wunsch nach Arbeitsplatzsicherung bei der Exekutive geschuldet?

Nein, es war viel gefinkelter! Wie das Innenministeriums-Innenperspektiven-Blatt *Kurier* berichtete, wollte man R. als »eine Art Lockvogel für Strache benützen«. Nach der »schoafen Russin« sollte dieser also auch dem schleimigen SMS-Schreiber in die Falle gehen. Eine Hinterlist, die aber möglicherweise noch nicht den Gipfel ermittlungstechnischer Ausgefuchstheit darstellt. Denn ein Anwalt der Macher des Ibiza-Videos verriet, dass der Soko-Tape-Chef und heutige Leiter des Bundeskriminalamtes, Andreas Holzer, bereits 2015 Material gegen Strache angeboten bekommen hätte, und dass Holzers »Ermittlungsmängel eigentlich erst die Idee zur Videofalle entstehen ließen«.

So gesehen war die vermeintliche Untätigkeit Holzers in Wahrheit ein perfekt getarnter Auftrag zum Dreh des Ibiza-Videos!

Bei so viel Ermittler-Genialität kann es aber trotzdem passieren, dass man von anderen ausgetrickst wird. Das geschah dem SMS-Schreiber R., der als aktiver ÖVP-Lokalpolitiker auch gegen den ÖVP-Mitarbeiter und Festplatten-Schredderer Arno Melicharek ermittelte.

Dabei verzichtete der Polizist auf die Beschlagnahme von Handy und Computer des Verdächtigen mit der Begründung: Stefan Steiner, der engste Berater des Bundeskanzlers, hätte die Polizisten schon vom Fenster aus am Eingang zur ÖVP-Parteizentrale gesehen, weshalb davon auszugehen sei, dass etwaiges Belastungsmaterial schon von Steiner beseitigt wurde. Völlig unerklärlich, warum Steiner auf die Unterstellung, er hätte kriminalistisch relevante Daten beseitigt, nie reagierte.

Doch vielleicht wurde auch hier eine versteckte Agenda nicht durchschaut. Konkret der Wunsch nach beruflicher Veränderung bei Steiner. Der Schredderer Arno Melicharek wurde nämlich unlängst im Kanzleramt zum Referatsleiter für »Besuchsmanagement« befördert. Das könnte in der Praxis bedeuten, dass künftig nicht mehr Steiner, sondern Melicharek den Eingang beobachten muss, um im Falle plötzlichen Polizeibesuchs zu warnen: »Tschüf! Kibarei! Alle belastenden Daten beseitigen!«

*Seit Veröffentlichung des Ibiza-Videos gehen fast alle Ermittlungen zurück auf die vielfältigen Verstrickungen zwischen dem Glücksspielkonzern Novomatic und der Politik. Novomatic hat für dieses mycelartige Netzwerk sogar ein eigenes Handbuch verfassen lassen.*

HC Straches Aussage »Novomatic zahlt alle« ist zu einer allseits beliebten Redewendung geworden. Weniger bekannt ist, dass Strache diesen Satz in der Langfassung des Ibiza-Videos präzisierte: »Novomatic zum Beispiel zahlt an alle drei. Bam! Das ist pragmatisch!« Nun lautet sogar die Überschrift einer Novomatic-Inseraten-Kampagne: »Novomatic zahlt alle.« Die damit vermeintlich zum Ausdruck gebrachte Selbstironie wirkt auf den ersten Blick ähnlich gewagt, als würde der Regenwald-Pyromane Jair Bolsonaro mit »Ich fackle nicht lange« für sich werben. Bei Novomatic erfährt man im Kleingedruckten des Inserats, wer aus Sicht des Glücksspielkonzerns »alle« sind, nämlich »Mitarbeiter und Lieferanten«.

Das ließ schon darauf schließen, dass es sich hier um keinen Humorversuch handelte, denn »Mitarbeiter und Lieferanten« ist eine mehrdeutige Formulierung. Als diesbezügliche Interpretationshilfe bietet sich ein mir vorliegendes Dokument an. Es trägt den Titel »Masterplan Novomatic« und wurde im Oktober 2005 von Hochegger Com, Österreichs damals führender Agentur im Bereich Polit-Korruption, für Novomatic erstellt. Darin werden all jene heißen Breie, um die Novomatic-Manager herumreden, nicht nur beim Namen genannt, sondern auch herzhaft ausgelöffelt. Es geht unverblümt um die »Gewinnung von Verbündeten unter den Meinungsführern aus der Politik«, denn »verbündete Politiker stellen eine schnelle Einbindung in den relevanten Gesetzgebungsprozess sicher«. Diese »Verbündeten« sollen »Änderungsvorschläge im Glücksspielgesetz« einbringen, wofür sie gleich mit »fertig ausformulierten Gesetzestexten« ausgestattet werden. Dabei sei zu beachten: »Politiker werden in der Regel erst dann tätig, wenn sie für sich einen konkreten

Nutzen darin sehen.« Wie dieser »Nutzen« aussehen könnte, wurde sicherheitshalber dazugeschrieben: »Ausarbeitung von konkreten Win-win-Situationen, z. B. Kooperations- oder Sponsoring-Projekte in einem Wahlkreis.« Dass bei diesen »Verbündeten« HC Strache ausdrücklich erwähnt wurde, verwundert ebenso wenig wie die Erkenntnis, dass dessen Einschätzung – »zahlt an alle drei« – die zutreffendere sein dürfte. Die spätere Umlackierung der politischen Total-Havarie Eva Glawischnig (Bundessprecherin von 2008 bis 2017) zum Corporate-Responsibility-Bastlerhit dürfte der einzige Berührungspunkt mit den Grünen gewesen sein.

Politiker der drei Altparteien werden in diesem »Masterplan« de facto als Mitarbeiter und Lieferanten gesehen. Die Inseratenkampagne »Novomatic zahlt alle« wurde später mit dem Untertitel »Steuern und Abgaben« fortgeführt. Das schrie nach einer weiteren Fortsetzung, denn angesichts dessen, was Automatenglücksspiel uns bislang gekostet hat – 20 Prozent aller Spielsüchtigen werden kriminell, wovon 91 Prozent Automatenspielsüchtige sind und Automatenspielsucht im Jugendgefängnis Kriminalitätsmotiv Nummer eins ist –, hätte als nächstes Sujet folgen müssen: »Novomatic zahlt alle – volkswirtschaftlichen Schäden, die es durch Automatenglücksspiel angerichtet hat.« Das wäre echtes Fairplay gewesen. In Straches Worten: »Bam! Das ist pragmatisch!«

*Zu den »verbündeten Politikern« gehörte bizarrerweise auch Wolfgang Sobotka, jener Mann, der als Vorsitzender des parlamentarischen Untersuchungsausschusses an der Aufdeckung des Novomatic-Politik-Filzes hätte mitwirken sollen.*

Das Bekanntwerden der Tatsache, dass die österreichischen Steuerzahlerinnen und Steuerzahler allein im November 2020 den Besitzern von Glücksspielautomatenlokalen einen Umsatzersatz in der Höhe von rund 20 Millionen Euro zahlen durften, hat mancherorts zu einer bangen Frage geführt: Wird das für Novomatic genug sein?

Nein, natürlich nicht. Deshalb wird in diesem Härtefall seit einiger Zeit von staatlicher Seite geholfen, und Novomatic konnte den Großteil seiner Belegschaft in Kurzarbeit schicken, was wir mit 40 Millionen Euro unterstützen durften.

Die Reaktion des sympathischen Konzerns war wenig überraschend. 120 Mitarbeiter wurden entlassen, wodurch sich Novomatic weitere 4,1 Millionen Euro erspart hat. Das ersparte Geld wurde gut und zukunftssicher angelegt. Novomatic-Besitzer und Multimilliardär Johann Graf ließ sich eine Dividende von 50 Millionen Euro auszahlen.

Wem da nicht die Luft wegbleibt, der kann eigentlich nur noch Wolfgang Sobotka zitieren: »Novomatic ist ein Unternehmen mit wirklich sozialer Verantwortung.«

Vermutlich dachte der Erste Nationalratspräsident bei dieser Aussage daran, dass Graf das ganze Geld ja nicht für sich allein behält. Der Gattin jenes SPÖ-Funktionärs, der über viele Jahre die mittlerweile als illegal klassifizierten Novomatic-Automaten in Wien genehmigte, hat er eine Million Euro geschenkt, die Gemahlin des Novomatic-Aufsichtsratsvorsitzenden, die nicht nur während der Ermittlungen gegen Novomatic im Kabinett vom Innenminister Nehammer gearbeitet hat, sondern zuvor auch für Wolfgang Sobotka, bekam zwei Millionen.

Und auch das von Sobotka geleitete Alois-Mock-Institut wurde wohltätig von Novomatic unterstützt. Ein besonders zu Herzen gehendes Beispiel für soziale Verantwortung, denn dieses Institut war so arm, dass es nicht einmal eine eigene Adresse oder Telefonnummer hatte und sich diese mit der ÖVP teilen musste.

Umso schöner war es zu hören, dass auch das von Sobotka höchstselbst dirigierte Kammerorchester Waidhofen an der Ybbs von Novomatic beschenkt wurde und dadurch ein perfektes Symbolbild für den Automatenkonzern geschaffen hat: Wolfgang Sobotka mit dem Taktstock in der erhobenen Hand. Wer denkt da noch an einarmige Banditen?

Sobotka erfreute sich aber auch der Wertschätzung von zweiarmigen Banditen. Konkret von Viktor Orbán, der ihm 2020 das »Komturkreuz mit dem Stern des ungarischen Verdienstordens« zukommen ließ. Über den Grund der Auszeichnung kann man nur spekulieren. Vielleicht möchte der Budapester EU-Fördergeldbetrüger und -erpresser Unverschämtheit in all ihren Erscheinungsformen würdigen. Sollte dem so sein, könnte Sobotka diesen Orden auch für seinen Mäzen Johann Graf einfordern.

Besagtes Ehrenzeichen ist sternförmig und wird um den Hals getragen, was für Menschen wie Sobotka und Graf, denen oft mal der Kragen platzt, zwar eine gewisse Verletzungsgefahr birgt, aber trotzdem für beide höchst passend ist. Denn wenn Sobotkas Leistung als U-Ausschuss-Vorsitzender und Grafs soziale Verantwortung nach den gängigen Internet-Bewertungssymbolen beurteilt würden, wäre dieses eine Sternderl genau richtig.

*Die Unglaublichkeit der Tatsache, dass Wolfgang Sobotka, ohne den Funken eines Schamgefühls zu zeigen, weiter den Vorsitz des Untersuchungsauschusses behielt, ließ in mir einen Verdacht reifen.*

## Eklat um den Sobotka-Darsteller

Nicht nur in der Theaterszene sorgt eine Neuinszenierung von Heinrich von Kleists »Der zerbrochene Krug« für heftige Diskussionen. Das Stück heißt in der von Überschreibungen und neu hinzugefügten Textflächen geprägten Fassung »Parlamentarischer Untersuchungsausschuss betreffend mutmaßliche Käuflichkeit der türkis-blauen Bundesregierung«. So wie im Original muss die Figur des Dorfrichters Adam – in der Neufassung als »Wolfgang Sobotka« bezeichnet – über eine Tat richten, die er selbst begangen hat. Anders als andere Dramenfiguren der Weltliteratur, wie beispielsweise König Ödipus, weiß er aber von Anfang an um seine eigene Täterschaft. Daher versucht er die Aufklärung seines Falls mit allen Tricks zu verhindern.

Abgesehen davon wird bei der Gestaltung dieser Rolle in der Neufassung auf Werktreue verzichtet. So heißt es in einer Beschreibung des Original-Stücks über Adam: »Die blühende Phantasie, mit der er immer neue Ausflüchte ersinnt, macht ihn zuweilen fast sympathisch.« Das wird bei der Figur des Sobotka vermieden.

Zu diesem Zweck wird auch auf ungewöhnliche dramaturgische Mittel und multimediale Theaterformen gesetzt. Diesbezüglicher Höhepunkt war ein Zeit-im-Bild-2-Interview mit dem Darsteller des Wolfgang Sobotka, der dabei extrem outrierend und jokerartig grinsend in seiner Bühnenfigur blieb. Auch sein dort vorgetragener Text sorgte für Kritik. In bewusster Anspielung auf Techniken des absurden Theaters behauptete er, das von ihm selbst und anderen ÖVP-Politikern geführte Alois-Mock-Institut hätte nichts mit der ÖVP zu tun oder sechsstellige Spenden eines Glücksspielkonzerns an dieses Institut wären keine Spenden, sondern Kooperationen gewesen.

Nach dieser Logik wäre eine Spende bei einer Altkleidersammlung auch keine Spende, sondern eine Kooperation mit dem Roten Kreuz.

Ebenso verstörend wirkte die sprachliche Darbietung. Der Sobotka-Darsteller bezeichnete das Alois-Mock-Institut als »Sink Denk«. Dahinter könnte auch theatralische Absicht stecken, denn »Sink« steht im Englischen für Waschbecken. Vielleicht ein verstecktes Eingeständnis, dass solche Institute ideal zum Waschen verdeckter Parteispenden geeignet sind.

Definitiv zu weit ging der umstrittene Mime dann mit der Rezitation eines Zwanzig-Sekunden-Werbespots seines Sponsors Novomatic. Ein Verhalten, das bei einem Sportler-Interview wohl zu sofortigem Gesprächsabbruch geführt hätte.

Hier zeigt sich die Problematik dieser Neuinszenierung. Während im Originalstück Dorfrichter Adam nach seiner Entlarvung die Flucht ergreift, wird in der postdramatischen Neufassung dieses wesentliche Handlungselement ignoriert. Der Sobotka-Darsteller weigert sich, die Bühne zu verlassen und verhöhnt dabei auch noch die Zuschauer, indem er ihnen zuruft, sie hätten für die ganze Aufführung bezahlt, weshalb er vorhabe, bis zum Ende der Vorstellung auf der Bühne zu bleiben, um zu stören. Das aber ist eine genremäßig unzulässige Verfremdung des Original-Stoffes. »Der zerbrochene Krug« ist per definitionem eine Komödie, die Neuinszenierung hingegen entwickelt sich immer mehr in Richtung »bürgerliches Trauerspiel«.

*Das Stück lief tatsächlich so weiter. Sobotka blieb einfach auf der Bühne und ließ sich sogar selbst als Zeuge einvernehmen.*

## Unbefangene Gespräche

Die Spannung steigt: Wolfgang Sobotka muss demnächst als Auskunftsperson vor dem von ihm selbst geleiteten Untersuchungsausschuss aussagen. Das ist so, als würde die österreichische Bundesliga mit einem Derby Rapid gegen Austria eröffnet, bei dem der Rapid-Trainer auch die Rolle des Schiedsrichters übernehmen soll. Da wäre dann doch damit zu rechnen, dass der Trainer das Amt des Unparteiischen wegen Befangenheit nicht annimmt.

Anders Sobotka, der in diversen Vorabinterviews mit Argumenten wie »Es gibt keine Befangenheit für Abgeordnete« Logik und Skrupel gleichermaßen negierte. Noch gewagter wirkte seine Behauptung, das von ihm geleitete Alois-Mock-Institut sei »keine Vorfeldorganisation der ÖVP«. Eine Wahrnehmung, der ausgerechnet aus dem Umfeld von Alois Mock widersprochen wird. Dessen ehemaliger Pressesprecher hatte einst einem um Unterstützung buhlenden Privatklinik-Betreiber eine Spende an besagtes Institut empfohlen, um »die ÖVP günstig zu stimmen«. Dafür gebe es auch »einen Zeugen, der das vor Gericht aussagen würde«.

Der ebenfalls sich als unterstützungsbedürftig empfindende Konzern Novomatic dürfte solche Ratschläge nicht nötig gehabt haben. Man bevorzugte den direkten Kontakt zum Institutspräsidenten. Doch auch dazu gibt es Wahrnehmungen, die zu hinterfragen sind. So wurde der von Novomatic-Besitzer Johann Graf getätigte Terminkalender-Eintrag – »Sobotka bei Tina + Oswald« – zunächst als Treffen zwischen dem Nationalratspräsidenten, dem Novomatic-Aufsichtsratspräsidenten Bernd Oswald und der Novomatic-Direktorin Tina Reisenbichler interpretiert. Das erwies sich nur als Zwei-Drittel-Wahrheit, zumal es sich bei »Tina« um Tina Liebich-Oswald gehandelt hat. Die ehemalige Mitarbeiterin von Wolfgang Sobotka, Gattin von Bernd Oswald und Großnichte von Graf war bis vor kurzem im Kabinett des damaligen Innenministers Karl Nehammer tätig und wurde in den vergangenen Jahren von Graf ohne Angabe von Gründen mit mehr als 2,75 Millionen Euro beschenkt.

Noch am selben Tag traf Sobotka dann auch mit Graf zusammen, und man darf vermuten, dass es dabei schon allein auf Grund der vielen gemeinsamen Bekannten ausreichend Gesprächsstoff gegeben hat.

Umso interessanter könnte eine öffentliche Gesprächsfortsetzung werden. Denn der nach seiner Einvernahme ansatzlos wieder den U-Ausschuss leitende Sobotka darf gleich darauf Graf als Auskunftsperson begrüßen. Dessen ursprüngliche Absage wegen gesundheitsbedingter Vernehmungsunfähigkeit sollte – nachdem er von mehreren Zeugen beim Feiern in einem Nobellokal gesehen wurde – hinfällig sein. Allein die Aussicht auf eine weitere unbefangene Plauderei mit Sobotka dürfte also zu einer Art Blitzheilung geführt haben.

*Johann Graf erschien dann doch nicht vor dem Ausschuss. Eine bei einer Hausdurchsuchung sichergestellte Geschenkliste des Novomatic-Multimilliardärs lieferte aber Stoff für weitere brisante Ermittlungen.*

## Von Schenkern und Beschenkten

Zu den originellsten Passagen der an sich schwer erträglichen Langfassung des Ibiza-Videos gehört eine Erzählung von Johann Gudenus über spezielle Drogenangebote und ihre prominenten Konsumenten in den Lokalen des Gastronomen Martin Ho, worauf HC Strache mahnend meint: »So, deswegen bin ich mal froh, dass du in diesem Scheißklub nicht mehr bist.«

Die von Strache abschätzig beurteilte Lokalität war unlängst tatsächlich Schauplatz einer erfolgreichen Drogen-Razzia. Martin Ho verblüffte danach mit der Münchhausiade, er hätte von den Geschehnissen in seinem Haus nichts gewusst, da er an jenem Freitagabend um 20 Uhr bereits geschlafen habe. Somit dürfte sich für die Party-Gäste eine nahezu biblische Prophezeiung erfüllt haben: Den Seinen gibt's der Hausherr im Schlaf.

Aber auch ein anderer Ibiza-Befund Straches wurde von der Realität bestätigt, nämlich »Novomatic zahlt an alle«. Laut einer bei einer Hausdurchsuchung gefundenen Liste hat Novomatic-Besitzer Johann Graf in den vergangenen Jahren 29,75 Millionen Euro verschenkt. Das klingt aufs Erste nachvollziehbar. Automatenspielsucht erzeugt Not, Krankheit, Armut, Kriminalität und Gewalt. Existenzen werden zerstört, Familien ins Elend gestürzt. Wenn man also damit, so wie Graf, ein Vermögen von rund neun Milliarden Euro gemacht hat, kann es schon passieren, dass man die im Alltag schwer zu vermeidende Konfrontation mit Spiegeln nicht mehr erträgt und der Wunsch nach Kompensation durch partielle Vermögensverschenkung entsteht.

Nicht ganz so nachvollziehbar wirkt aber die Liste der Geschenkempfänger im Detail. Da wurde zum Beispiel der ehemalige Novomatic-Konzernchef Harald Neumann gleich dreimal großzügig bedacht, obwohl dessen reguläre Gage von angeblich vier Millionen Euro pro Jahr nicht unbedingt nach weiterer Unterstützung geschrien hat. Vielleicht noch bemerkenswerter auf der Liste ist der Name der bereits genannten Tina Liebich-Oswald, Nichte von Johann Graf, verheiratet mit dem Novomatic-Aufsichtsratsvorsitzenden Bernd Oswald und beruflich in höchst verantwortungsvoller Position. Die laut Liste vierfach Beschenkte war Referentin im Kabinett von Innenminister Karl Nehammer. Sie befand sich also dort, wo gerade gegen Herrn Graf und die Novomatic ermittelt wurde.

Als Draufgabe wurde noch bekannt, dass 2017 eine parlamentarische Anfrage zum Thema Glücksspiel an den Finanzminister zur Beantwortung vom Ministerium gleich an Novomatic weitergeleitet wurde. Das ist so, als würde der Gesundheitsminister eine Anfrage zum Thema »Wie ungesund sind Energy-Drinks?« zur Beantwortung direkt an Red Bull schicken. Dass der damalige Finanzminister Hartwig Löger dann die Anfragebeantwortungen praktisch wortgleich aus Novomatic-Presseaussendungen abschreiben ließ, wundert keinen mehr und kann als Interpretation des Mottos »Mehr privat, weniger Staat« gedeutet werden. So dürfen wir alle uns irgendwie als Schenker und Beschenkte fühlen: Zweifel an der These, wonach unsere Republik in beunruhigender Form von einem Glücksspielkonzern infiltriert ist, können wir uns schenken.

*Auch ohne den Auftritt von Johann Graf wollte Novomatic vor dem Untersuchungsausschuss zu Wort kommen. Allerdings so, dass es keiner hätte bemerken sollen.*

## Hier könnte Ihr Inserat stehen

»Der Kronzeuge – ein Insider schildert das System Novomatic«, war auf dem Cover der Illustrierten *News* zu lesen. Aber nicht lange, denn die komplette Ausgabe wurde eingestampft und ohne die Novomatic-Geschichte neu gedruckt.

Nicht minder bemerkenswert, welche Geschichte über diesen Kronzeugen, den ehemaligen Novomatic-Geschäftspartner Peter Barthold, anderorts nicht eingestampft wurde. Drei Tage vor dessen Einvernahme im parlamentarischen Untersuchungsausschuss bezeichnete ihn *oe24* in einem anonymen Artikel als »Münchhausen«. Nun könnte die Bezeichnung »Münchhausen« in einem Fellner-Medium auch anerkennend gemeint sein, ungefähr so, als ob einen der Papst als »guten Katholiken« anredet. Im konkreten Fall interessant ist, dass sich der Text ausdrücklich auf Informationen des Novomatic-Lobbyisten Gert Schmidt beruft.

Denn von diesem Herrn war kurze Zeit später im U-Ausschuss die Rede. Barthold erzählte, dass Schmidt ihn vor ein paar Tagen getroffen hätte, um ein Angebot zu unterbreiten: Wenn Barthold bei seiner Einvernahme vor dem U-Ausschuss bestimmte Aussagen zu machen bereit sei, würde es sein finanzieller Schaden nicht sein. Barthold hat das nicht gemacht und stattdessen die für ihn vorformulierten Aussagen veröffentlicht. Diese lesen sich teilweise unfreiwillig komisch:

»Auch wenn Sie es überrascht, das von MIR (Hervorhebungen im Original, Anm.) zu hören: Ja, die NOVOMATIC-Gruppe war zu jeder Zeit ein fairer, verlässlicher Partner. Rückblickend muss ich auch dem Land Wien attestieren, dass das heute so kritisierte ›Kleine Glücksspiel‹ vortrefflich von WIEN kontrolliert wurde – es gab KEIN ILLEGALES Automaten-Glücksspiel in Wien.«

Die Formulierung »vortrefflich von Wien kontrolliert« erheitert besonders, angesichts der Tatsache, dass der dafür zuständige Spielapparate-Beirat in sieben Jahren von 4036 zu prüfenden Automaten keinen einzigen kontrolliert hat und die Frau des damaligen Beiratsvorsitzenden von Novomatic-Besitzer Graf mehrfach großzügig beschenkt wurde. Und dass Novomatic-Spielautomaten sehr wohl illegal waren, hat mittlerweile sogar der Oberste Gerichtshof festgestellt.

Wäre diese Aussage im U-Ausschuss tatsächlich vorgetragen worden, hätten die Abgeordneten einmal nicht nur über Novomatic-Inserate gesprochen, sondern hätten ein solches auch zu hören bekommen.

Gegen Ende seiner Einvernahme sprach Barthold dann über die verheerende Gesetzeslage in Österreich, die bei Automaten Spieleinsätze von zehn Euro und Höchstgewinne von 10 000 Euro zulässt, während in Deutschland nur zwanzig Cent Höchsteinsatz und 23 Euro Höchstgewinn erlaubt sind. Würde Österreich diese Limits übernehmen, wäre das erstmals eine wirklich sinnvolle Spielerschutzmaßnahme, die den gigantischen volkswirtschaftlichen Schaden, den Automatenspielsucht anrichtet, spürbar verringern würde. Sollte Novomatic eines Tages von sich aus zu dieser Maßnahme bereit sein, wäre ich bereit zu sagen: »Auch wenn es Sie überrascht, das von MIR zu hören: Ja, die NOVOMATIC-Gruppe zeigt erstmals Spuren von Anstand und Verantwortungsbewusstsein.«

*»Moment«, werden Sie jetzt vielleicht sagen. »Den Namen Schmidt hatten wir doch schon mal, oder war das ein anderer?« Deshalb ein kleiner Einschub, um Verwechslungsgefahr zu bannen.*

## Die drei Schmiedln und ihre Schmiede

Die Behauptung, dass der durch das Ibiza-Video ausgelöste »Novomatic zahlt an alle drei«-Skandal eine zu komplexe Materie und daher für Außenstehende nicht zu durchschauen sei, wurde schon des Öfteren als Vernebelungsversuch von an der Nichtaufklärung der Affäre Interessierten entlarvt. Aber man muss zugeben: Manche Aspekte der Geschichte sind ein wenig verwirrend. Zum Beispiel die Tatsache, dass drei wesentliche Minusmänner sehr ähnliche Namen tragen: Schmid, Schmitt und Schmidt.

Um allfälligen Verwechslungen vorzubeugen, hier eine kleine Orientierungshilfe:

Thomas Schmid ist der ehemalige ÖBAG-Chef, dessen Handy in Zukunft zahlreiche Arbeitsplätze in den Bereichen Journalismus, Satire, Justiz und Strafvollzug sichern wird.

Richard Schmitt ist hauptberuflich Verfasser von Texten, die in einschlägigen Medien veröffentlicht werden. Dabei kooperiert er häufig mit HC Strache, was von Schmitts früherem Arbeitgeber *Kronen-Zeitung* bis vor Bekanntwerden des Ibiza-Videos durchaus gewünscht war. Danach galt dies jedoch als Entlassungsgrund und führte nahezu zwangsläufig zu seinem Engagement bei der maximal kooperationsflexiblen käuflichen Gratiszeitung *Österreich*. Der Satz, »Wenn Richard Schmitt was schreibt, ist die Wahrscheinlichkeit, dass es nicht stimmt, recht hoch«, ist ähnlich gewagt wie die Aussage, »Wenn Donald Trump was sagt, ist die Wahrscheinlichkeit, dass es nicht hochintelligent ist, recht hoch«. Trotzdem hat Schmitt dagegen geklagt und erwartungsgemäß verloren. Nach seinem Abgang bei *Österreich* ist er nun bei einer Rechtsaußen-Propaganda-Plattform gelandet. Gegen die nähere Betrachtung seiner dortigen Tätigkeit spricht der vernünftige Grundsatz: »Stop flooding the zone with Schmitt.«

Gert Schmidt ist Novomatic-Lobbyist. Einer breiten Öffentlichkeit bekannt wurde er Ende der 1980er Jahre, als Zeitungen von der spektakulären Verhaftung des zuvor wegen Betrugsverdacht zur Fahndung ausgeschriebenen Pleitiers berichteten. Die Pleite gelang ihm ausgerechnet mit einem Magazin namens *Erfolg*. Im Zuge der Novomatic-Ermittlungen tauchte sein Name im Zusammenhang mit einem Mann auf, bei dem es höchst verwunderlich gewesen wäre, wenn er ausgerechnet in diesen Korruptionsskandal nicht involviert gewesen wäre: Dieter Böhmdorfer. Aus dessen Anwaltskanzlei wurden von Schmidt erarbeitete »Vorschläge für ein neues Glücksspielgesetz« an das Finanzministerium geschickt. Dass diese Vorschläge für Novomatic maßgeschneidert waren, versteht sich von selbst. Derzeit wird gegen Schmidt in diversen gerichtsanhängigen Causen ermittelt. Unter anderem wegen des Verdachts, er hätte versucht, Zeugenaussagen zu kaufen.

Es gibt zwei echte Gemeinsamkeiten der Namensähnlichen: 1. Alle drei Schmiedln haben einen Schmied. Bei »Schmalbart News«-Schmitt ist es Strache, der unter massivem Chat-Leak leidende Schmid gilt als Erfindung von Sebastian Kurz, und Novomatic-Büttel Schmidt darf sich auf den Besitzer Johann Graf berufen. 2. Allen drei Schmieden sind ihre Schmiedln mittlerweile im höchsten Maße peinlich.

Das ist vor allem im Fall von Gert Schmidt eine bemerkenswerte Leistung, ungefähr so, wie wenn man als Zuschauer bei einem Heavy-Metal-Konzert aus der Halle gewiesen wird, weil man zu laut war.

*Dass sich Novomatic mit Bekenntnissen zu Gert Schmidt ziert, liegt vielleicht auch daran, dass in einem mir vorliegenden Dossier sein einschlägiges Wirken penibel dokumentiert wird.*

Die mit Spielerklagen gegen Novomatic höchst erfolgreiche Anwältin Julia Eckhart berichtete vom Angebot einer Novomatic-Tochterfirma, ob sie nicht künftig für das Unternehmen im Bereich Wettrecht und Mietverträge arbeiten wolle. Eckhart hat diesen Einkaufsversuch dankend abgelehnt. Vielleicht hat sie dabei an einen schon vor Jahren von einem gegen Novomatic ermittelnden Bezirksinspektor angefertigten Aktenvermerk gedacht:

»Es wird bemerkt, dass durch die Novomatic-Gruppe offensichtlich massives Lobbying (bei Politik, Beamten etc.) betrieben wird und im Umfeld dieser Firmengruppe Sachverständige durch das Anbieten von guthonorierten Beraterverträgen für objektive Ermittlungen nicht mehr herangezogen werden können.«

Ein brisantes Thema, zu dem Eckhart ein Dossier über den Lobbyisten Gert Schmidt zusammengestellt hat, in dem eine der wichtigsten Tätigkeiten von Schmidt für den Novomatic-Konzern so beschreiben wird: »Kontaktaufnahme mit Gegnern der Novomatic zwecks gütlicher Einigung und Bezahlung von Abfindungen.«

Sechs solcher Fälle hat sie dokumentiert. Gemeinsam ist ihnen, dass immer Gert Schmidt als Big Spender auftritt. So soll er beispielsweise einem Zeugen 20 000 Euro gezahlt haben, damit dieser eine für Novomatic unangenehme Aussage vor Gericht widerruft. Interessant wirkt in diesem Zusammenhang auch der Prozess gegen den Ibiza-Videomacher Julian Hessenthaler. Da wurde nämlich bekannt, dass ein Hauptbelastungszeuge mehr als 50 000 Euro bekommen hat. Vom wem? Natürlich von Gert Schmidt!

Laut Schmidt »für eine Vielzahl an Aufgaben« im Zusammenhang mit dem Ibiza-Video.

»Was treibt Schmidt an?«, wollte daraufhin der Richter wissen, und meinte weiters: »Es ist schon suspekt, dass eine private Person Gelder verteilt für Ermittlungen, die eigentlich die Polizei machen sollte.«

Dann gab es im Prozess noch eine höchst bemerkenswerte Information. Ein Anwalt von Hessenthaler berichtete, dass der Hauptbelastungszeuge in eine Telefonüberwachung geraten sei. Dort sei zu hören, wie er eine weitere Person um belastendes Material gegen Julian Hessenthaler bittet, mit der Begründung, er, der Zeuge, werde dafür von Gert Schmidt bezahlt.

Für das Image der Firma Novomatic war das Ibiza-Video ungefähr so förderlich wie der Ausbruch der Coronapandemie für die internationale Beliebtheit chinesischer Wildtiermärkte. Im nicht undenkbaren Fall, dass es beim großzügigen Mäzenatentum des Herrn Schmidt eine Spur des Geldes bis in die Novomatic-Zentrale in Gumpoldskirchen gibt, sollte man vielleicht beim Automatenglücksspielkonzern nachfragen, ob sie ihr Geld nicht vernünftiger ausgeben wollen. Schmidt selbst hingegen ist mittlerweile etwas ganz Großem auf der Spur. In einem TV-Interview mit »Schmalbart News«-Schmitt auf dessen Propaganda-Plattform machte er ein paar sensationelle Enthüllungen.

Sie betreffen *Falter*-Chefredakteur Florian Klenk, mit dem gemeinsam ich das Bühnenprogramm »Sag du, Florian« spiele, was Schmidt so beschreibt:

»Der Chefredakteur macht mit einem kleinen Kabarettisten Vorträge und zieht durch die Wirtshäuser damit.«

Bitte, ich bin 1,79, und von Wirtshäusern im klassischen Sinn kann man nicht sprechen, es handelt sich mehrheitlich um Theatersäle oder Kultur- und Literaturhäuser.

»Von der Bühne her patzt er Konzerne an …«

Die Mehrzahl ist hier nicht ganz zutreffend, der einzige Konzern, über den wir sprechen, ist Novomatic.

»… und Personen. Ich werde da auch gewürdigt.«

Das stimmt! Die Geschichte mit der Verhaftung nach der *Erfolg*-Pleite sorgt immer wieder für Heiterkeit.

»Und da muss ich sagen: Verfolge die Spur des Geldes. Wer bezahlt das? Denn die Herrschaften stellen sich nicht zwei Stunden auf die Bühne, in einen Hinterhof …«

In einem Hinterhof haben wir noch nie gespielt.

»… in ein Wirtshaus oder sonstwo, um da den Kaschperl herunterzureißen, sondern bekommen ein Geld dafür. Und wer bezahlt dieses Geld, das müsste man wirklich prüfen!«

Genauso ist es. Herr Schmidt ist uns auf die Schliche gekommen. Wir bekommen tatsächlich Geld dafür. Wer bezahlt das?

Bei meinen im Anschluss an diese Entlarvung sofort begonnenen Recherchen habe ich Folgendes herausgefunden: Dieses Geld, das wir von den Veranstaltern für unsere Darbietungen bekommen, ist ein Bestechungsgeld, mit dem Zuschauer sich vom Veranstalter die Möglichkeit erkaufen, unserer Darbietung beizuwohnen. Das läuft ungeniert unter der Bezeichnung »Eintrittsgeld«. Anteile an diesem Eintrittsgeld werden dann an uns weitergegeben.

Aber das kann bei der Suche nach der Spur des Geldes nur der Anfang sein, da müssen Sie, liebe Leserinnen und Leser, bitte mithelfen. Vielleicht ist ja unter Ihnen jemand, der schon einmal dieses »Eintrittsgeld« für ein Klenk-Scheuba-Programm gezahlt hat.

Woher stammt dieses Geld?

Am besten, Sie wenden sich mit einem diesbezüglichen Geständnis direkt an Gert Schmidt.

*Mit einem anderen, nicht weniger schrägen, Novomatic-Lobbyisten musste sich auch schon unser aktueller Bundeskanzler beschäftigen.*

## Lache, Lümel, Lobotka

So viele Kinder kann Karl Nehammer gar nicht abschieben lassen, um dauerhaft von den Beispielen für Korruption und Unfähigkeit im Verantwortungsbereich seines ehemaligen Ministeriums abzulenken. Das ahnend, könnte er zukünftig öfter auf die »Mein Name ist- Hase«-Strategie setzen, wie er es schon bei der Beantwortung einer parlamentarischen Anfrage der Neos getan hat. Stephanie Krisper und Co wollten von ihm wissen, worum es bei einem Treffen zwischen dem Novomatic-Lobbyisten B. und dem hohen Innenministeriumsbeamten T. gegangen ist, woraufhin Nehammer behauptete, ein »wie auch immer geartetes Verhältnis« des B. zu Novomatic sei weder ihm als Minister noch den Beamten seines Ministeriums bekannt gewesen.

Eine Wissenslücke, die erstaunt, denn zu ihrer Schließung hätte er nur nachfragen oder -lesen müssen, was zuvor im parlamentarischen Untersuchungsausschuss besprochen wurde. Dort berichtete die zum Thema »Novomatic zahlt an alle drei« geladene Auskunftsperson Peter Barthold von diversen Pro-Novomatic-Interventionen des besagten Herrn B., die in einer bizarren Drohbotschaft gipfelten: Einen mit Barthold befreundeten ÖVP-nahen Geschäftsmann mit besten Kontakten zum Kurz-Berater Bernhard Bonelli warnte B. per Mail, dass es »wegen dieser Novo/Barthold-Scheiße eng für dich wird, weil du in deinem naiven Gutmenschentum so was von dämlich agierst … Du Depp bist schon viel zu weit gegangen ohne dass es dir was bringt, ausgenommen Riesenprobleme. Hör auf mich, verdammt nochmals!!!!«

Nun könnte man meinen, das Bekanntmachen solcher Drohungen – sogar die *Kronen-Zeitung* hat darüber berichtet – müsste auch die Wahrnehmungsschwelle eines Innenministers problemlos überschreiten. Bei Karl Nehammer war diese Schwelle aber möglicherweise blockiert, weil er B. noch als aktiven Kommunikator in ganz anderer Sache gedanklich abgespeichert hatte. Nämlich als »Medienberater« des legendären Eurofighter-Lobbyisten Herbert Werner.

Herr Werner hatte einst vom Eurofighter-Hersteller EADS 6,5 Millionen Euro bekommen, mit denen er laut Angaben von B. »verhindern sollte, dass Jörg Haider den Eurofighter-Deal platzen lässt«. Ein letztlich von Erfolg gekröntes Vorhaben, das von den österreichischen Steuerzahlerinnen und -zahlern finanziert wurde, diesen aber immerhin einen kleinen Trost in Form eines oft zitierten Skurrilitätshöhepunktes der heimischen Korruptionsgeschichte gespendet hat: die bei EADS gefundenen Leistungsbeschreibungen von Werners Firma »City Chambers«, nämlich: »Lobbying bei Dr. W. Lüssel, Dr. J. Laider und K. H. Lasser«.

Zwischen den Ungeheuerlichkeiten des Eurofighter-Schmiergeld-Skandals bietet diese Anekdote wenigstens ein bisschen Anlass zum Schmunzeln. Wer weiß, vielleicht tauchen auch in der »Novomatic zahlt an alle drei«-Affäre noch ähnlich erheiternde Dokumente auf. Denkbar wäre beispielsweise folgende Leistungsbeschreibung: »Lobbying bei H. C. Lache, Mag. G. Lümel und Mag. W. Lobotka«. Da könnte dann sogar Karl Nehammer ahnen, von wem die Rede ist.

*Der Ankauf der Eurofighter durch die Republik Österreich ist immer noch der größte Korruptionsskandal der Zweiten Republik. Seine juristische Aufarbeitung wurde vom »System Pilnacek« erfolgreich »daschlog'n«. Dabei werden bis heute neue ungeheuerliche Details dieses Debakels bekannt.*

## Schnappverschluss statt Sargnagel

In der Aufgeregtheit um die Regierungskoalition zwischen ÖVP und Grünen wurden kühne Zukunftsszenarien entworfen. Zum Beispiel, ob Werner Kogler es zulassen wird, dass Sebastian Kurz die Klima-Route schließt.

Die Frage hingegen, welche Lehren aus der Vergangenheit, konkret aus der 2003 gescheiterten Regierungsbildung dieser beiden Parteien, zu ziehen sind, wurde nur selten gestellt. Eine rare Ausnahme lieferte der ehemalige Minister und Unternehmer Martin Bartenstein, der in einem *Presse*-Interview erklärte, woran es damals wirklich gescheitert sei: »Der Sargnagel war Peter Pilz«, dieser hätte »das Thema Eurofighter hochgezogen.« Dass ausgerechnet der damals für die mittlerweile gerichtlich großteils als Scheingeschäfte und Betrügereien entlarvten Eurofighter-Gegengeschäfte zuständige Minister Bartenstein dieser Themensetzung die Schuld am Ende der Verhandlungen gibt, wirkt ähnlich charmant wie ein Schwarzfahrer, der für den Abbruch seiner Reiseplanung das mögliche Auftauchen eines Fahrschein-Kontrollors verantwortlich macht.

Weniger erheiternd ist, dass das Thema Eurofighter auch heute eine ähnliche Wirkung auf die Koalition haben könnte. Denn die

ÖVP will 300 Millionen Euro für die »Nachrüstung der Eurofighter« lockermachen.

Um die Kühnheit dieses Ansinnens in ihrer ganzen Pracht zu erfassen, muss man sich nur den von der Recherche-Plattform *Dossier* aufgedeckten Skandal um vom Eurofighter-Hersteller Airbus der Republik Österreich verrechnete Wucherpreise in Erinnerung rufen. Für einen zehn Zentimeter langen und acht Zentimeter breiten Schnappverschluss zur Verriegelung von Tankdeckeln hatte Österreich 10 600 Euro zu berappen, das exakt gleiche Ersatzteil bekam die italienische Luftwaffe für 6000 Euro. Die Antwort auf eine Beschwerde folgte postwendend: Im Jahr darauf mussten wir für den Verschluss 16 200 Euro bezahlen. Und das, obwohl wir bereits 134 Millionen Euro »Service-Pauschale« für Ersatzteillieferungen gezahlt hatten, in der aber leider der Verschluss nicht enthalten war. Ebenso haben wir 17,6 Millionen Euro pauschal für »Administrationsdienste« gelöhnt, was Airbus nicht daran hinderte, extra »Administrationskosten« für die Schnappverschluss-Bestellungen zu kassieren. Zur krönenden Draufgabe stellten Techniker des Bundesheeres fest, dass in den gelieferten Schnappverschlüssen eine Quasi-Sollbruchstelle eingebaut war. Eine kleine Stahlfeder, deren Austausch kein Problem darstellt, zum Stückpreis von zehn Euro.

Angesichts dessen wirkt die Idee, aufs Neue Geschäfte mit Airbus zu machen, so, als würde man beim vermeintlichen nigerianischen Prinzen, dem man auf sein nettes E-Mail hin ein Vermögen überwiesen hat, nachfragen, ob er noch was braucht. Sollte das wirklich der Ernst der ÖVP sein, kann es passieren, dass der Sarg einer gescheiterten schwarz-grünen Koalition diesmal nicht mit einem Nagel verschlossen wird, sondern per Schnappverschluss.

*Einen neuen Regierungsdeal mit den Eurofighter-Herstellern gibt es bisher nicht. Sollte er noch kommen, kann man nur hoffen, dass diesmal wenigstens keine »Gegengeschäfte« dabei sind.*

## Des Kaisers neue Geschäfte

»König der Löwen«, »Dumbo«, »Mary Poppins' Rückkehr«. Hollywood setzt immer öfter auf Neuverfilmungen oder die Fortsetzung bekannter Märchenstoffe. Es scheint, als hätte dieser Trend zuletzt auch die österreichische Politik erreicht, die ebenfalls die aktualisierte Version eines Märchens bietet. Es handelt sich um eine Neufassung von »Des Kaisers neue Kleider«, in der die Republik Österreich die Rolle des Kaisers übernommen hat und seine nichtexistente Bekleidung den Namen »Eurofighter-Gegengeschäfte« trägt. Anders als im Original wurde die kaiserliche Nacktheit nicht von einem aus der Menge rufenden Kind festgestellt, sondern von einem seit Jahren beständig wachsenden Chor aus Menschen, die lautstark »Anziehen!« fordern, weil sie meinen, dass es auch für das Verarschen der Bevölkerung Schamgrenzen geben muss.

Diese Ansicht hat eine amtliche Bestätigung bekommen. Ein öffentlich gemachtes Gerichtsgutachten hält fest, dass die offiziell zur Ankurbelung der österreichischen Wirtschaft gedachten Gegengeschäfte großteils keine inländische Wertschöpfung generierten. Von angerechneten 1,7 Milliarden Euro wanderten 1,1 Milliarden ins Ausland. Angesichts vieler ohnehin völlig absurder Posten auf der Gegengeschäftsliste (vom italienischen Waffenhändler empfohlene Klopapiermaschine, eine Fräsmaschine aus den 1980er Jahren mit

810 000-facher Wertsteigerung, Vorlesungen um 4800 Euro, die mit 1 118 298,33 Euro bewertet wurden etc.), lässt diese Erkenntnis den Chuzpe-Faktor der Geschichte noch einmal in ungeahnte Höhen schnellen, wo er nur noch von der Tatsache übertroffen wird, dass der Eurofighter-Hersteller 183 Millionen Euro für die »Vermittlung der Gegengeschäfte« auf den Kaufpreis der Flugzeuge draufgeschlagen hat.

Als langjährigem Mitglied des zuvor beschriebenen Chors stellen sich mir jetzt zwei Fragen:

1. Könnte Martin Bartenstein uns bitte erklären, wie diese Nackerpatzlisierung der Republik passieren konnte? Sonst kommt am Ende noch der Verdacht auf, es wären Leute am Hof des Kaisers dafür bezahlt worden, die nicht vorhandenen neuen Kleider schick zu finden.

2. Ist es möglich, dass »Gegengeschäfte« ein Zauberwort ist, das die Wahrnehmung nackter Tatsachen beeinträchtigen kann? Sollte dem so sein, eröffnen sich auch der aktuellen Bundesregierung neue Perspektiven der Selbstdarstellung. Das einst für Alfred Gusenbauer geschaffene Unwort »Sozialfighter« könnte gekapert werden, um Kürzungen der Kinderbetreuungs- und anderer Sozialleistungen als »Sozialfighter-Gegengeschäfte« zu verkaufen. Die illegalen Überschreitungen der Wahlkampfkosten ließen sich als »Votefighter-Gegengeschäfte« rechtfertigen und die berüchtigte BVT-Razzia als »Extremismusfighter-Gegengeschäfte« zur Ankurbelung der Wirtschaft durch kreative Zerstörung.

Sollte im letztgenannten Fall eine Gebühr für die »Vermittlung der Gegengeschäfte« angefallen sein, wäre die Nachfolgeagentur von Herbert Kickls »Ideenschmiede« als etwaiger Rechnungssteller wohl ein heißer Kandidat.

*Herbert Kickls berühmtes Zitat, wonach das Recht der Politik zu folgen habe und nicht umgekehrt, wurde zumindest durch die jämmerlichen Ermittlungen der Justiz beim Eurofighter bestätigt.*

## Wenn Recht der Politik folgt

Die Frage »Muss man dir alles dreimal sagen?« wird normalerweise von leidgeprüften Erziehungsberechtigten gestellt. Ungewöhnlich, dass man auch als Beobachter heimischer Politik in diesen Stoßseufzer einstimmen konnte.

Als Erster gesagt hat es Herbert Kickl. Nämlich, dass die Politik nicht dem Recht zu folgen hat. Das wollten manche nicht wahrhaben. Deshalb verdeutlichte es die FPÖ-Abgeordnete Dagmar Belakowitsch: »Niemals haben wir uns damit abzufinden, dass Gesetze uns in unserem Handeln behindern.« Aber noch immer wurde an der ziemlich eindeutigen Aussage heruminterpretiert. Schließlich oblag es Karl-Heinz Grasser, für Klarheit zu sorgen, indem er verlangte, dass die gegen ihn ermittelnden Staatsanwälte durch eine Weisung des Justizministers gestoppt werden sollen. Somit hat ausgerechnet der von der FPÖ verstoßene und als »ideologischer Flachwurzler« verhöhnte KHG nicht nur das von Kickl und Belakowitsch geforderte Rechtsverständnis unmissverständlich auf den Punkt gebracht, sondern auch der traditionell freiheitlichen Anti-Mainstream-Haltung zu diesem Thema – im Geiste großer Vorgänger wie Peter Rosenstingl, Gernot Rumpold, Peter Westenthaler, den Brüdern Scheuch oder Hubert Gorbach – Referenz erwiesen.

Nun könnte man einwenden, dass eine Debatte über der Politik folgendes Recht in Zeiten der marktkonformen Demokratie und deren oberstem Gebot – »Wer das Gold hat, macht die Regeln« – ohnedies hinfällig sei. Doch das hieße, die Politik zu unterschätzen, wie uns eine medial noch kaum bis gar nicht gewürdigte Geschichte rund um den größten Korruptionsskandal der Zweiten Republik lehrt.

Vor einem Jahr hat Eurofighter-Hersteller Airbus 81,25 Millionen Euro Bußgeld gezahlt, um weiterer Verfolgung durch die Staatsanwaltschaft München zu entgehen. Ein schönes Beispiel für die praktische Umsetzung der Goldenen Regel. Nun hat Walter Schön, Co-Gründer der für Eurofighter-Scheingeschäfte und ungeklärte Geldflüsse zuständigen Briefkastenfirma Vector Aerospace, es mit einem ähnlichen Angebot versucht. Ein Schuldeingeständnis zum Vorwurf »Beitragstäterschaft zur Untreue« plus 3,5 Millionen Euro Bußgeld als Gegenleistung für Straffreiheit. Doch die Münchner Staatsanwälte lehnten den Deal ab und informierten stattdessen ihre Wiener Kollegen. Da Schön außerdem im kleinen Kreis schon deutlich bekenntnisfreudiger ausgesagt haben soll als bisher vor Gericht, böte sich eine geständnisfördernde Kronzeugen-Regelung für diesen Mann als Ideallösung an. Ein aufgelegter Elfmeter für den Wiener Staatsanwalt. Doch während er anläuft, stürmt die Politik auf das Spielfeld, schießt den Ball weg und zeigt dem verhinderten Elferschützen die rote Karte.

Das kann nicht sein? Doch. Nachdem zunächst auf Weisung von Justiz-Generalsekretär Pilnacek dem bisher ermittelnden Staatsanwalt R. Akten weggenommen wurden, hat ihm jetzt das Ministerium den Fall Eurofighter entzogen und stattdessen Ermittlungen gegen R. angeordnet.

Folgt hier das Recht der Politik? Oder doch wieder dem Geld? Gerüchte über den geplanten Ankauf von Airbus-Helikoptern durch die Bundesregierung lassen momentan beide Interpretationen zu.

*Das Recht ist der Politik also offenbar bei der Schonung von Eurofighter-Schmiergeld-Empfängern gefolgt. Aber wie sah das im Fall von Herbert Kickl selbst aus?*

## Der Vielleicht-lieber-doch-nicht-Minister

Diskutieren kann man über alles: zum Beispiel, ob man einen Satanisten zum Weihbischof ernennen soll. Oder einen Pyromanen zum Brandschutzbeauftragten. Oder einen Identitären zum Chef des Verfassungsschutzes. Die Frage ist nur, wie lange man darüber diskutiert. Der Austausch der Argumente sollte sich auf Grund qualitativer und quantitativer Ungleichverteilung relativ rasch erschöpfen. Umso erstaunlicher, wenn es eine derartige Diskussion schafft, über Wochen in der Öffentlichkeit mit von allen Seiten behaupteter Ernsthaftigkeit geführt zu werden. Im konkreten Fall handelte es sich um die Debatte zur Frage: Soll Herbert Kickl wieder Minister werden?

Dass der Bundespräsident diese Möglichkeit ausgeschlossen hat, wirkt vom Nachrichtenwert her wie eine Erklärung der Bawag-Geschäftsführung, man werde (den mittlerweile verstorbenenen) Helmut Elsner nicht mehr zum Generaldirektor der Bank bestellen. Mit Elsner verbindet Kickl nicht nur der Bilanzwert ihres bisherigen beruflichen Schaffens, sondern auch ihre öffentlichen Sympathiewerte. Sogar das um von der *Kronen-Zeitung* enttäuschte, hardcore-realitätsresistente FPÖ-Fans buhlende und deshalb zum Ibiza-Skandal-Zudeckungsmedium mutierte *Österreich* weist immer wieder Herbert Kickl als einsames, stets mit »Nicht genügend« beurteiltes Schlusslicht des Politiker-Beliebtheits-Rankings auf. Bei der »Stimme des Volkes«, die eine Rückkehr Kickls in ein Ministeramt fordert, dürfte es sich also eher um eine solche im Kopf des Minusmannes der österreichischen Politik handeln.

Auf diese hörend gibt der Ex-Innenminister Interviews, in denen er bemerkenswerte Beschwerden vorbringt. So beklagte er, dass man in »österreichischen Medien kein gutes Foto von mir findet«, was ein wenig wie eine Forderung nach Gipfelkreuzen in Holland wirkt. Außerdem verwehrte er sich gegen die Bezeichnung »Bösewicht«, da er »weder böse noch ein Wicht« sei. Das ist wiederum so, als würde Prinz Albert von Monaco die Bezeichnung »Lebemann« mit dem Argument zurückweisen, dass er »weder am Leben noch ein Mann« sei.

In einem anderen Punkt aber wird Kickl tatsächlich Unrecht getan. Oft ist zu lesen, dass er mit den Vorkommnissen auf Ibiza nichts zu tun gehabt hätte. Aber worum genau ging es in der vermeintlichen Oligarchinnen-Villa? Es ging um von Strache und Gudenus ziemlich plump gezeigte Bereitschaft zur Korruption. Wie man das eleganter macht, hat Kickls ehemalige Firma »Ideenschmiede« schon vor vielen Jahren demonstriert, indem sie Bereitschaft zur Korruption nonchalant in Verträge hineingeschrieben hat: »Bei Aufträgen von FPÖ-Landesregierungsbüros bekommt die FPÖ Kärnten 20 % des Auftragsvolumens von der Agentur gutgeschrieben.«

Im Prozess um die »Ideenschmiede« wegen Bestechung und Vorteilsannahme wird Herbert Kickl als Zeuge wohl Gelegenheit bekommen zu erklären, warum er mit seiner Firma nichts zu tun hat, und vielleicht gar nicht so traurig darüber sein, dass er nicht mehr Minister ist. Als solcher ist man nämlich nicht immun.

*Die Erwartungen all jener, die auf eine schonungslose Aufarbeitung des »Ideenschmiede«-Skandals gehofft hatten, erfüllten sich nicht.*

## Haftschutz statt Schutzhaft

Vor geraumer Zeit habe ich über eine fiktive, von der Korruptionsstaatsanwaltschaft angeordnete Razzia im Justizministerium spekuliert. Anlass dazu wäre die aufklärungswürdige Verzögerung der Einvernahme von FPÖ-Obmann Herbert Kickl gewesen, im Zusammenhang mit den Ermittlungen wegen illegaler Geldflüsse seiner Agentur »Ideenschmiede« zur FPÖ. Der Titel meines Kommentars lautete: »1. April 2018«.

Nun hat Justizminister Moser in einer auf der Parlaments-Webpage veröffentlichten, aber bisher ignorierten Beantwortung einer Anfrage der Neos wissen lassen, dass der ministerielle Weisungsrat sich mit der Causa »Ideenschmiede« demnächst befassen werde, »eine Verjährung der den Beschuldigten zur Last gelegten strafbaren Handlungen ausgeschlossen ist« und der Abschluss der Ermittlungsmaßnahmen an einem bestimmten Tag erfolgt wäre: am 1. April 2018.

Der Mutmaßung, es handle sich hier um einen Aprilscherz, bei dem die durch Korruption und Veruntreuung von Steuergeldern geschädigten Bürgerinnen und Bürger dieses Landes die Gefoppten sind, kann entgegengehalten werden, dass es laut Justiz-Insidern doch noch zu einer Anklage kommen soll. Nämlich gegen Thomas Sila, den Geschäftsführer der »Ideenschmiede«. Nicht jedoch gegen den Eigentümer der Agentur, Herbert Kickl. Begründung: Für die mutmaßliche Untreue seines Geschäftsführers könne der Eigentümer nichts. Das verwundert ein wenig, zumal Sila sich in einem bei einer Hausdurchsuchung im Keller der Agentur sichergestellten Vertrag dazu verpflichtet, Kickl »von allen ihm zur Kenntnis gelangenden Ereignissen zu unterrichten, die geeignet sind, die Interessen der Gesellschafter (= Eigentümer) zu beeinflussen«.

Hat hier der Geschäftsführer also den Eigentümer hintergangen? Das wäre ein Zeichen charakterlicher Verwahrlosung, denn laut Sila hat ihm Kickl in einem Akt beispielloser Großzügigkeit die Firma per schriftlichem Vertrag später geschenkt. Kickl selbst spricht von einer mündlichen Schenkung, sein Steuerberater wusste von all dem nichts und ging davon aus, dass Kickl nach wie vor Eigentümer ist. Menschlich umso beeindruckender, dass der spätere Innenminister dem pflichtvergessenen Sila eine zweite Chance gab und bei dessen neuer Agentur ohne Ausschreibung ein Logo für die Polizeieinheit Puma bestellte. Als das bekannt wurde, erklärte das Innenministerium, dass es sich bei dem Logo um ein Geschenk handle. Offenbar hat Sila, spät, aber doch von Gewissensbissen geplagt, die moralische Verpflichtung zu einem Gegengeschenk erkannt.

All das zeugt von der Großherzigkeit Herbert Kickls, die er in seiner bekannt bescheidenen Art nicht an die große Glocke hängen will und deshalb versucht, mit anderen Themen davon abzulenken. In Wahrheit ist ihm natürlich »Schutzhaft« ein viel weniger wichtiges Anliegen als sein persönlicher Haftschutz. Dieser scheint ihm von unserer Justiz gewährt zu werden. Sogar ohne dass Kickl vorher erklären müsste, warum er mit seiner eigenen Firma nichts zu tun hatte.

*Die mit seiner Agentur gemachten Erfahrungen dürften Herbert Kickls Arbeit bis heute nachhaltig beeinflussen.*

## Kickl-Back in den Mistkübel

Früher war nicht alles besser. Man darf es zum Beispiel als Fortschritt bewerten, dass Herbert Kickl heutzutage, um den Identitären-Kapo Martin Sellner zu unterstützen, auf eine Demo gehen kann und nicht wie einst eine Razzia im Bundesamt für Verfassungsschutz und Terrorismusbekämpfung veranlassen muss. Bemerkenswert in diesem Zusammenhang erscheint auch, dass der Ex-Innenminister seinen oft befremdlich anmutenden Humor wiedergefunden hat. So meinte er über den ebenfalls mitdemonstrierenden Neonazi Gottfried Küssel: »Ich würde den Herrn nicht einmal erkennen«, und dass ihm der Name Küssel überhaupt nur geläufig sei, weil dieser so oft in den Medien erwähnt werde. Das ist so ähnlich, als würde Andi Ogris behaupten, er kenne Herbert Prohaska nur aus dem Fernsehen und hätte keine Ahnung, wie er ausschaut.

Als weniger spaßig wurde vielerorts Kickls Demo-Ansprache empfunden: »Wir alle haben ein intaktes Immunsystem, und ein intaktes Immunsystem macht den Menschen stark gegen jede Art von Virus und all die Mutationen, die jetzt von irgendwoher neu entdeckt worden sind.« War das spontaner Umnachtung geschuldet, oder steckt da ein Plan dahinter? Womöglich ein geschmackloser Untergriff gegen Kickls parteiinterne Widersacher Norbert Hofer und Manfred Haimbuchner? Das käme nicht überraschend, denn in den vergangenen Wochen ist Kickl diesbezüglich hochaktiv gewesen.

»Die strengsten Compliance-Regeln aller Parteien« sollten nach den Worten von Hofer künftig ausgerechnet für die FPÖ gelten. Das klingt zunächst einmal so, als würde das Münchner Oktoberfest die strengsten Alkohol-Beschränkungen aller Gastronomie-Events ankündigen. Zumindest der oberösterreichische FPÖ-Obmann Haimbuchner dürfte die Sache ernst genommen haben: »Ich rechne mit einer breiten Zustimmung in der Partei für die von mir erarbeiteten Regeln«, erklärte er vor einer Bundesparteisitzung in Linz. Doch da hatte er die um Korrektheit bemühte Rechnung ohne den Wirt Kickl gemacht.

»Herbert Kickl war erst gar nicht nach Linz gefahren und hatte in einer E-Mail zuvor die Kollegen des Bundesvorstandes gewarnt, sie sollten nachdenken, was sie da tun«, berichtete der *Kurier* und schilderte die Konsequenzen dieses Nachdenkens. Die neuen Sauberkeitsregeln für Freiheitliche wurden von den Parteispitzen glatt abgelehnt, »Parteikenner erzählen, dass es auch als ausgeschlossen gilt, dass die Regeln im Bundesvorstand eine Mehrheit finden könnten, sie dürften im Mistkübel landen«.

Über die Motive von Kickls Sabotage-Aktion gibt es zwei Theorien: Zum einen könnte Kickl die prinzipielle Notwendigkeit derartiger Regeln in Frage stellen, zumal er in der Causa seiner Werbeagentur »Ideenschmiede« vorgezeigt hat, dass Kick(l)back-Geschäfte und verdeckte Parteispenden nicht zwingend zu strafrechtlichen Konsequenzen führen. Zum anderen könnte ihn auch die Sorge um die Identität der FPÖ umtreiben. Nachdem ihr von der ÖVP schon das Ausländer-Thema weggenommen wurde, müssen die Freiheitlichen jetzt aufpassen, damit Ähnliches nicht auch mit ihrem bisherigen Alleinstellungsmerkmal als Partei mit der höchsten Korruptionskompetenz passiert.

*Bezüglich Korruptionskompetenz wurde die FPÖ nach Ausscheiden aus der Regierung von der ÖVP definitiv überholt. Beim Postenschacher haben die Freiheitlichen aber noch ein paar schwerverdauliche Reste von damals zurückgelassen.*

## Der Wal hat die Parteispende gefressen

Da kann man sich schon einmal missverstanden fühlen, wenn man ausgerechnet als Tierschutzbeauftragte auf der Eselsbank des Parlaments Platz nehmen muss. Der hilfesuchende Blick Philippa Straches lässt nur vermuten, ob ihr die demütigende Situation wirklich bewusst ist, oder ob sie sich wundert, warum die am Revers getragenen Kornblumen der vor ihr sitzenden vermeintlichen Parteikollegen rot und nelkenförmig sind. Die direkt vor ihr platzierte langjährige Vorsitzende der Sozialistischen Jugend, Julia Herr, wiederum scheint darüber zu sinnieren, wie lange es wohl dauern würde, bis sie, im Fall einer endgültigen Partei-Machtübernahme der Christian-Deutsch-und-Dorli-Bures-Seilschaft, zur Sitznachbarin von Strache wird.

Philippas Gatte HC monierte, dass die FPÖ generell »ein Problem mit starken Frauen« hätte. Ein Befund, der, was die mangelnde Anerkennung weiblicher Spitzenleistungen betrifft, prompt bestätigt wurde. Nämlich durch die Debatten über das neue Führungspersonal der Österreichischen Nationalbank.

Dort hat der von der FPÖ zum Gouverneur intervenierte Robert Holzmann durch extrem tollpatschige parteipolitische Umfärbeaktionen für einen Amtsantritt gesorgt, der mit Fehlstart nur unzureichend beschrieben ist. Er gemahnt eher an einen Skirennläufer, der noch vor Auslösen der Zeitnehmung im Starthäuschen bei seinen eigenen Skistöcken einfädelt. Angesichts solcher Slapstick-Einlagen meinte ein hochrangiger OeNB-Insider, dass »Holzmann nun erstmals in einer beruflichen Situation ist, in der er wirklich ernst genommen werden muss«.

Andere wiederum meinen, dass die Ernennung von Eduard Schock zum Nationalbank-Direktor den Dreistigkeitsgipfel blauen Postenschachers darstellt. Anders als Holzmann besticht der Ex-Kommunalpolitiker durch seine nahezu unbefleckte Qualifikationsbefreitheit, die selbst für Nationalbank-Versorgungsjobs neue Maßstäbe setzt. Doch die Diskussion, wer von den beiden die verheerendste FPÖ-OeNB-Personalie ist, blendet die Leistung einer starken Frau aus. Barbara Kolm beweist seit 2018, dass man als Nationalbank-Vizepräsidentin Inkompetenz und Überforderung nicht verschämt kaschieren muss, sondern offensiv ausleben kann. Darüber hinaus dürfte sie über eine große erzählerische Begabung verfügen, dank der sie die Korruptionsstaatsanwaltschaft davon überzeugen konnte, dass Spenden ihrer Mutter oder ihres darüber ahnungslosen Mitarbeiters an die nicht in Österreich kandidierende Anti-EU-Parteienallianz ACRE nichts mit ihrem Geschäftsverhältnis zu ACRE zu tun hätten. Kolms Hang zu fantastischen Geschichten verdanken wir vermutlich auch die Einladung zweier amerikanischer Kreationisten zu einer von ihr organisierten Konferenz in der Nationalbank. Die Herren Murphy und Woods plädieren für eine wortwörtliche Auslegung der Bibel und verweisen dabei ernsthaft und ausdrücklich auf die Geschichte von Jonas, der von einem Wal geschluckt und nach Tagen wieder unversehrt ausgespuckt wurde. Wer weiß, vielleicht kann das Tier ja auch Parteispenden fressen und anderorts wieder hervorspeien.

*Auf ein Alleinstellungsmerkmal kann sich die FPÖ aber noch verlassen. Herbert Kickls Chuzpe ist tatsächlich noch immer einzigartig.*

## Wann kommt die »Intensivstationen-Lüge«?

Die Enthüllungen um den Inseratenkorruptionsskandal bringen bemerkenswerte Zahlenvergleiche ans Tageslicht. So berichtete das *profil*, dass die österreichische Presseförderung seit ihrer Einführung 1975 von 6,2 auf 8,7 Millionen Euro gestiegen ist, während die im gleichen Jahr beschlossene Parteienförderung von 4,6 auf 30 Millionen Euro explodierte.

Kein Wunder, dass der Rechnungshof gegen heftigen Widerstand von ÖVP, SPÖ und FPÖ zur Selbsthilfe greift und einen Gesetzesentwurf vorgelegt hat, durch den die Parteienfinanzierung schärferer Kontrolle unterzogen werden soll. Darin enthalten ist auch der Vorschlag, dass Strafen für das Überschreiten der Wahlkampfkosten-Obergrenze künftig nicht mehr aus staatlichen Fördergeldern bezahlt werden dürfen. Eine an sich unfassbar dreiste, aber bisher gängige Praxis, die an einen beim Doping-Test erwischten Radfahrer erinnert, der als Strafe nur eine Geldbuße bekommt, die er dann aus dem Preisgeld jenes Rennens bezahlt, das er gedopt gewonnen hat. Und sich dann noch mit maximaler Frechheit verteidigt. Nämlich so wie Herbert Kickl, der die illegale Wahlkampfkosten-Überschreitung seiner Partei in Höhe von vier Millionen Euro damit rechtfertigte, dass das Geld ja »in einen wirtschaftlichen Kreislauf« fließen würde, wodurch »ein Nutzen für Österreich« entstehe.

Mit dieser Logik lässt sich auch für andere Formen von Kriminalität plädieren. Schließlich ist Drogenhandel eine der umsatzstärksten und somit konsumbelebendsten Branchen der Weltwirtschaft. Von der Geldwäsche für russische Oligarchen leben hierzulande ganze Sektoren der Immobilienbranche. Und war nicht auch die vertraglich fixierte Bereitschaft zur Korruption von Kickls Agentur »Ideenschmiede« eine Form von Wirtschaftsförderung? Die nach Wien gelieferten Bargeldkoffer sind bestimmt in irgendeinem Kreislauf gelandet.

Daraus folgt: Geht's den Gaunern gut, geht's uns allen gut. Oder für die FPÖ-Klientel formuliert: »Unsere Kriminalität für unsere Leut!«

Was die Bodenlosigkeit seiner Chuzpe anbelangt, ist Kickl mittlerweile aber in noch unerforschtere Tiefen vorgedrungen. Zum Beispiel mit seiner Erklärung, schuld an der Covid-Pandemie seien in Wahrheit die Geimpften. Der sich in dieser Aussage manifestierende Grundgedanke könnte als eine Art zurück zu den Wurzeln von Kickls Denken interpretiert werden. Möglicherweise reichen diese Wurzeln bis tief in die Überzeugung, dass der Zweite Weltkrieg von den Alliierten begonnen wurde und Deutschland das Opfer war. So betrachtet, würde es nicht überraschen, wenn Kickl demnächst in der Corona-Debatte den Begriff »Intensivstationen-Lüge« ins Spiel brächte, wonach Intensivstationen technisch gar nicht möglich waren und erst nachträglich von den alliierten medizinischen Mächten in die Krankenhäuser eingebaut wurden. Vom Irrwitz-Faktor in der gleichen Liga spielen jetzt schon Kickls Gesundheitstipps, die sich für ihren Urheber noch als Bumerang erweisen könnten. Wenn der FPÖ-Obmann tatsächlich anfängt, Entwurmungsmittel einzunehmen, könnte das ähnlich wirken, als würde Kommissar Rex auf Enthundungsmittel zurückgreifen.

Längst erübrigt hat sich bereits die Frage an Grüne, SPÖ und Neos, ob man mit Kickl vielleicht doch eine Koalition eingehen könnte. Laut dessen Worten ginge das nämlich nur, wenn man in so einer Partnerschaft mit ihm auf Augenhöhe agiere. Eine derartige Rückgratverkrümmung und Erniedrigung ist jedoch niemandem zuzumuten. Herbert Kickl hat die Latte für diese ohnehin schon unwahrscheinliche Koalition zu hoch gelegt, indem er sie zu tief gelegt hat.

*Die erwähnte Wahlkampfkosten-Obergrenze-Überschreitung 2017 hat im Detail so ausgeschaut: Die vom Gesetzgeber erlaubten sieben Millionen Euro wurden von der SPÖ um 400 000 überschritten, seitens der FPÖ um vier Millionen, und die ÖVP gab sechs Millionen Euro mehr aus, als legal gewesen wäre. Um es in der Relation von Höchstgeschwindigkeitsübertretungen auf einem Norbert-Hofer-140-Kilometer/Stunde-Autobahnstück zu sagen: Die SPÖ war mit 148, die FPÖ mit 220 und die ÖVP mit 260 Kilometer/Stunde unterwegs. Eine kostenmäßige Raserei mit ausreichend vom Steuerzahler per Parteienförderung eingefülltem Treibstoff im Tank, bei der es unvorstellbar scheint, dass sie dem Geilomobil-geprüften Sebastian Kurz ungeplant passiert sei. Andernfalls müsste man glauben, sein Mantra Message Control wäre im Zuge des Wahlkampfs ins Gegenteil mutiert: Message completely out of control.*

*Aber wir wissen: Das Geld fließt in die Wirtschaft. Und geht's der Wirtschaft gut, soll die Politik auch was davon haben.*

## Vom Staatsdiener zum Kundendiener

Die politische Realität in Österreich bringt immer wieder erstaunliche Erkenntnismomente. Unlängst wurde beispielsweise ein streng vertraulicher Entwurf zur Klimastrategie des Landes vom Wirtschaftsministerium nicht wie üblich zur Begutachtung an andere Ministerien geschickt, sondern gleich an die Wirtschaftskammer und von dort direkt an Industrie-Lobbyverbände von in Österreich tätigen Großkonzernen. Bemühte man sich noch seitens des Ministeriums, den Vorfall als »Fehleinschätzung eines Mitarbeiters« zu entschuldigen, so scheint die aktuell amtierende Ministerin keinerlei Skrupel zu kennen.

»Unsere Kunden sind die Unternehmen«, erklärte Margarete Schramböck in einem Interview und offenbarte damit ein Amtsverständnis, das traditionell überlieferte Vorstellungen, wonach man als Minister Diener des Volkes zu sein hat, als hoffnungslos veraltet entlarvt.

Kundendienst statt Staatsdienst lautet das neue Motto, wobei die Frage, wer als Kunde zu gelten hat, noch nicht von allen Ministern so eindeutig geklärt wurde wie von Frau Schramböck. Wenn sich ihre strikt unternehmensorientierte Interpretation des Themas durchsetzt, muss sich beispielsweise das Verteidigungsministerium nicht mehr primär mit den Sorgen und Nöten des Bundesheeres herumschlagen, sondern kann sich endlich ganz auf die Wünsche der Rüstungskonzerne konzentrieren. Im Bildungsministerium wäre die ewige Streitfrage, ob die Anliegen der Lehrer, Schüler oder Eltern dringlicher sind, endlich gelöst, indem künftig keine der drei Gruppen, sondern stattdessen Nachhilfecamps und Matura-Partyurlaubsveranstalter als Kunden bevorzugt behandelt werden. Das Sportministerium könnte die Vergabe von Fördermitteln direkt an Peter Schröcksnadel und Dietrich Mateschitz outsourcen. Und das Außenministerium sollte über bessere Serviceangebote nachdenken, zumal sein Internet-Server unlängst von Kundenbeschwerden aus Russland lahmgelegt wurde.

Wirklich spannend wird es für jene Regierungsstellen, wo die Befriedigung unterschiedlicher Kundeninteressen neue Synergien hervorbringen könnte. Zum Beispiel im Kanzleramt, wo Gerald Fleischmann, der für seine hemmungslose Interventions- und Drohbereitschaft berüchtigte Propaganda-Experte von Sebastian Kurz, als »Kanzlerbeauftragter für Medienfragen« tätig ist. Seine Kunden sind also zum einen die beim Buhlen um Förderungen oftmals jede Schamgrenze pulverisierenden Medien, zum anderen der beim Buhlen um schmeichelnde Berichterstattung oftmals verblüffend unsouveräne Bundeskanzler. Hier könnte Fleischmann, in Anlehnung an das von ihm erdachte Regierungswording unter dem neuen Motto »das Beste FÜR beide Welten« künftig Presseförderungen an das Abschneiden bei einem, nach dem Doyen der ÖVP-Hofberichterstattung benannten, »Gerhard-Jelinek-Preis« koppeln. Im Kampf um diesen Staatspreis für Hagiographie und angewandte Rückgrat-Vermeidung könnten sich die Top-Favoriten Martina Salomon, Wolfgang Fellner oder Michael Jeannée gegenseitig zu neuen Spitzenleistungen pushen, während Sebastian Kurz bei der Auslegung des Begriffs »Kundenbindung« neue Maßstäbe setzen könnte.

*Die Erkenntnis über die Unternehmer als Staatskunden ist gar nicht die denkwürdigste Wortmeldung von Margarete Schramböck. Dieser Ehrentitel gebührt ihrem Zitat zur von ihr ins Leben gerufenen und sofort krachend gescheiterten, 1,26 Millionen Euro teuren Pleiten-Pech-und Pannen-Plattform namens Kaufhaus Österreich:*

*»Was gut gelungen ist, ist der Bekanntheitsgrad.«*

*Zutreffenderes hätte 1986 der Bürgermeister von Tschernobyl über seine Heimatstadt auch nicht sagen können.*

*Aber auch ein anderer hochrangiger Funktionär fand dazu beachtliche Worte.*

## Der Staat als Privatsache

In bewegten Zeiten kommt es immer wieder vor, dass Spitzenleistungen nicht jene öffentliche Würdigung erhalten, die sie verdient hätten. So ergangen ist es einer Stellungnahme von Wirtschaftsbund-Chef Harald Mahrer. Auf die ihm in einem *Presse*-Interview gestellte Frage nach seinem Versagen bei der Präsentation der gnadenlos gefloppten Plattform »Kaufhaus Österreich« antwortete der Multifunktionär: »Es war ein Fehler, dass ich mir die Sache vorher nicht genauer selbst angeschaut habe. Aber man sieht, dass die alte Wolfgang-Schüssel-Aussage richtig ist: Mehr privat, weniger Staat.«

Diese Verquickung von maximaler Chuzpe mit purem Blödsinn ist ehrfurchtgebietend. Da hätte er gleich antworten können: »Es ist schade, dass ich mit meinem Versagen einige enttäuscht habe. Aber man sieht, dass der alte Sponti-Spruch richtig ist: Trau keinem über dreißig.«

Was die Richtigkeit der Wolfgang-Schüssel-Aussage betrifft, sind wir mittlerweile um einige erstaunliche Erkenntnisse reicher geworden. Offensichtlich wurde in Österreich der in herkömmlichen Demokratien als staatliche Aufgabe gesehene Schutz der Verfassung schon vor längerer Zeit privatisiert. Nach Geständnissen hoher Beamter des Bundesamtes für Verfassungsschutz und Terrorismusbekämpfung (BVT) haben einige Mitarbeiter dieser Behörde in den vergangenen Jahren im Sold privater Auftraggeber agiert. Dabei wurde den zahlenden Kunden eine breite Palette an Dienstleistungen offeriert. Abgesehen vom schwunghaften Handel mit Staatsgeheimnissen, geheimdienstlichen Dossiers, personenbezogenen Daten und dem Verkauf einfacher Abfragen vom Dienstcomputer wurden auch individuell zugeschnittene Servicepakete geschnürt: Überprüfung der Zahlungsfähigkeit von Porno-Website-Anbietern für den damals noch zahlungsfähigen Pleite-Konzern Wirecard; Ausspähung eines Konkurrenzunternehmens von Novomatic (es wäre geradezu peinlich für die geschäftstüchtigen BVT-ler gewesen, wenn der Automatenglücksspielkonzern just bei ihnen keine Gelegenheiten für »Kooperationen« gefunden hätte); Fluchthilfe für den mutmaßlichen Milliarden-Betrüger Jan Marsalek.

Das letztgenannte All-inclusive-Arrangement zeichnet sich durch spezielle Korruptionssymbolik aus, wurde es doch unter Mitwirkung des ehemaligen FPÖ-Abgeordneten Thomas Schellenbacher realisiert. Zehn Millionen Euro haben ukrainische Oligarchen einst der Freiheitlichen Partei geboten, wenn diese Schellenbacher ein Nationalratsmandat checkt. Die von einem ehemaligen Leibwächter fotografierte, mit Bargeld prall gefüllte Sporttasche HC Straches gilt seither als eine Art ikonographische Darstellung konsequent privatisierter Politik.

Aber vielleicht hat Harald Mahrer ja genau das mit »mehr privat, weniger Staat« gemeint, und »Kaufhaus Österreich« wird uns künftig mit völlig neuen Geschäftsangeboten überraschen: Privatwirtschaftlich orientierte Staatsschützer, Parlamentarier mit flexibler Agenda und offenem Ohr für Sponsoren, Investitionskonzepte für die Beschleunigung von Kampfflugzeug-Käufen oder anbieterfreundliche Glücksspielgesetze könnten dort zu großen Rennern werden.

»Anbieterfreundliche Glücksspielgesetze« gehörten in den vergangenen Jahren tatsächlich zu den gefragtesten Angeboten der österreichischen Innenpolitik. Vor kurzem wurde beispielsweise bekannt, dass der ehemalige ÖVP-Wien-Chef und jetzige EU-Kommissar Johannes Hahn in einen EU-Spesenskandal verwickelt ist, bei dem unter anderem eine von Hahn pflichtwidrig nicht gemeldete Jagdeinladung thematisiert wird. Hahn rechtfertigte sich damit, dass die Einladung im Dezember 2015 »rein privater Natur« gewesen sei. Er habe in Begleitung seiner damaligen Partnerin Barbara Feldmann teilgenommen, die einen Jagdschein besitze.

*Da sollte man auch erwähnen, dass die ehemalige ÖVP-Abgeordnete Feldmann nur drei Monate später noch sehr viel mehr besessen hat als nur einen Jagdschein. Nämlich eine Million Euro, die der Novomatic-Aufsichtsrätin Feldmann vom Novomatic-Besitzer Johann Graf am 12. Februar 2016 privat geschenkt wurden. Das wissen wir dank der bei einer Hausdurchsuchung gefundenen Liste von Geschenkempfängern, die Grundlage von Ermittlungen der Finanzpolizei ist. Diese Geschenkliste wird vielen noch Probleme bescheren – unter anderen auch der SPÖ.*

## Die Nichtleistungsleister

Natürlich darf man seine Einstellung zum Fußballsport auch mit diesem Satz zum Ausdruck bringen: »Warum soll es mich interessieren, wenn 22 Erwachsene in kurzen Hosen einem Ball nachlaufen?« Problematisch wird es nur, wenn man gleichzeitig hauptberuflich als Fußballreporter arbeitet. Ein vergleichbares Beispiel lieferten österreichische Innenpolitik-Journalistinnen und -Journalisten, die uns einreden wollten, dass der parlamentarische Untersuchungsausschuss »nur Show«, »langweilig« oder »sinnlos« gewesen sei. Da nicht davon auszugehen war, dass diese Berichterstatter über Nacht ihrer Analysefähigkeit beraubt worden waren, musste man annehmen, dass diese Form von Zudeckungsjournalismus auf einer leicht zu durchschauenden politischen Agenda beruhte. Um diese zu erkennen, genügte es, an das Thema des Ausschusses zu erinnern, nämlich »mutmaßliche Käuflichkeit der türkis-blauen Bundesregierung«. Wenig überraschend wurden dort Fragen gestellt, die für ÖVP und FPÖ eher unangenehm waren. So ging es beispielsweise darum, bei welcher der beiden Parteien die Bemühungen des Automatenglücksspielkonzerns Novomatic, sich Gesetze zu kaufen, auf fruchtbareren Boden gefallen waren.

Mit diesem Sachverhalt hatten aber nicht nur dem Prinzip türkiser Message Control sich verpflichtet fühlende Journalisten ein Problem, sondern auch der sozialdemokratische burgenländische Landeshauptmann Hans Peter Doskozil. Sein, während seiner Amtszeit als Verteidigungsminister praktiziertes und nun vom U-Ausschuss aufgedecktes, Bemühen, der FPÖ beim »Novomatic-Spenden-am-Rechnungshof-Vorbeischmuggeln« behilflich zu sein, lässt darauf schließen, dass er es gern gesehen hätte, wenn die freigiebige Automatenfirma ihre Zuneigung öfter auch Funktionären seiner Partei erwiesen hätte. Zum Beispiel so wie im Fall des für die SPÖ in der Wirtschaftskammer Niederösterreich sitzenden Kommerzialrats Ernst Riedl. Besagter Herr war viele Jahre Vorsitzender des von der Gemeinde Wien eingesetzten Spielapparatebeirats, dessen Aufgabe es war, Glücksspielautomaten auf ihre Gesetzmäßigkeit hin zu überprüfen. Die Bilanz dieses Gremiums ist beeindruckend. Zwischen 2000 und 2006 wurden ihm 4036 Automaten zur Überprüfung vorgelegt. Die Anzahl der daraufhin vom Beirat überprüften Geräte lautet exakt: null.

Diese auf jede Wahrung des Scheins pfeifende Arbeitsverweigerung verdient fast schon Respekt. Aus Sicht von Novomatic offenbar mehr als nur Respekt. Wie auf einer der bereits erwähnten bei einer Hausdurchsuchung sichergestellten Liste festgehalten, hat Novomatic-Eigentümer Johann Graf rund 30 Millionen Euro einfach so an verschiedene Personen verschenkt. Drei großzügige Schenkungen erhielt die Gattin von Ernst Riedl.

Während sich andere den Kopf über die Frage »Wo woar mei Leistung?« zerbrechen, lernen wir hier, dass sich als Leistung auch die Nichtleistung auszahlen kann. Ein mutiges Signal in unserer leistungsfixierten Gesellschaft, das vielleicht nicht nur den sich stets zu »linker Sozialpolitik« bekennenden Doskozil beeindruckte. Denn möglicherweise spekuliert auch mancher Zudeckungsjournalist darauf, dass sich Leistungsverweigerung karrieretechnisch noch lohnen könnte.

*Bei Drucklegung dieses Buches waren Hans Peter Doskozils Versuche, Spitzenkandidat anstelle der Spitzenkandidatin zu werden, noch immer nicht von Erfolg gekrönt. Vor allem in der Wiener SPÖ kommentieren einige das Agieren des burgenländischen Landeshauptmannes mit »Man fragt sich bei dem wirklich …«. Ich frage auch.*

## Fünf Fragen an Hans Peter Doskozil

Eine Arbeitslosenquote von acht Prozent, mehr als 13 000 Corona-Tote und vier Lockdowns, die uns pro Woche zwischen einer halben und 1,5 Milliarden Euro kosteten. Wie reagiert man als verantwortungsbewusster Politiker auf die Situation in Österreich? Eine zutiefst verstörende Antwort auf diese Frage hat uns Hans Peter Doskozil gegeben. Sie lautet: Man befeuere die Impfskepsis in der Bevölkerung.

Zu diesem Zweck hat der burgenländische Landeshauptmann fünf »kritische Fragen zur Impfung gegen Corona« formuliert, die sich aber problemlos durch ihre Eingabe bei Google hätten beantworten lassen. Seither rätseln viele, was er sich dabei gedacht hat. Deshalb hier: Fünf Fragen an Hans Peter Doskozil.

1. Stellen Sie sich vor, Sie sind mit einer Gruppe Skitourengeher im offenen Gelände unterwegs, als sich plötzlich eine Lawine löst und auf die Gruppe zukommt. »Schnell, schaltet eure Lawinenpiepser ein!«, rufen einige der Tourengeher. Würden Sie darauf antworten: »Moooment! Da sollten wir uns zunächst einmal fragen, was das für datenschutzrechtliche Konsequenzen hat«?

2. In der Frage der Rettung von Flüchtlingskindern aus Lesbos bröselte Sebastian Kurz sogar die Gefolgschaft aus den eigenen Reihen weg. Nicht nur Bischöfe und Vertreter christlicher Organisationen stellten sich gegen ihn, sondern auch Parteifreunde aus Westösterreich. Dafür eilten Sie ihm zur Hilfe mit der Aussage, er hätte diesbezüglich »alles richtig gemacht«. Mit ähnlichen Sprüchen hatten Sie schon früher versucht, den sich abzeichnenden Wahlsieg von Michael Ludwig bei der Bürgermeisterwahl in Wien zu torpedieren. Steckt dahinter eine Strategie, oder ging es nur darum, irgendwie in die Zeitung zu kommen?

3. Im gleichen Interview, in dem Sie das Retten von Kindern als »Symbolpolitik« ablehnten, sorgten Sie sich um den Fortbestand »christlicher Werte, die man nicht salopp wegdiskutieren sollte«. Ist das der Versuch, einen neuen Zynismusrekord aufzustellen, oder lachen Sie sich gerade scheckig, weil Sie uns auf den Arm genommen haben und wir darauf reingefallen sind?

4. Sollte Pamela Rendi-Wagner demnächst erklären, dass Rauchen gesundheitsschädlich ist, werden Sie daraufhin »fünf kritische Fragen zum Showkampf gegen das Rauchen« stellen?

5. Langjährige Beobachter der österreichischen Innenpolitik erinnern sich noch an die legendären drei Fragen des Josef Cap an Theodor Kery, mit denen Cap auf einem SPÖ-Parteitag den damaligen

Landeshauptmann des Burgenlandes in Verlegenheit brachte. Cap startete damit seine Karriere als große Zukunftshoffnung der österreichischen Sozialdemokratie. Seine von Enttäuschungen, Fehl- und Nichtleistungen, Niederlagen und nicht erfüllten Erwartungen geprägte Laufbahn gilt parteiintern mittlerweile als eine Art Mahnmal zum Thema »so kann man sich täuschen«. Kann es sein, dass Sie, Herr Doskozil, von allen missverstanden wurden und mit Ihren fünf Fragen in Wahrheit eine ganz andere, selbstkritische Botschaft senden wollten: »Denkt daran, wie das beim Cap ausgegangen ist, und hört auf, mich für eine SPÖ-Zukunftshoffnung zu halten, denn das beschädigt die Begriffe ›SPÖ‹ und ›Zukunft‹ gleichermaßen«?

*Dabei hätte gerade die Wiener SPÖ zum Thema Corona einen gesundheitspolitisch bewährten Experten zur Hand!*

## Die Quelle der Liebe

Der Energetiker Christoph Fasching, laut eigenen Angaben »Bewusstseinsforscher«, hat seine mit Spannung erwartete »Leistungsbeschreibung« vorgelegt, aus der hervorgeht, wofür er 95 000 Euro Honorar beim Bau des Krankenhauses Wien-Nord bekommen hat.

»Alles unterliegt einem ständigen Verfall. Die fest im Gebäude verankerte Quelle der Liebe versorgt das Gebäude ständig mit frischer Energie, welche diesen Verfall deutlich verlangsamt.«

Das Leben unzähliger Patienten wird also künftig dadurch gerettet, dass sie in einem deutlich langsamer verfallenden Spital behandelt werden.

Allen Skeptikern, die das in Zweifel ziehen, kann ich hier einen Beweis für die Wirksamkeit der Methode liefern: Auch ich habe in diesem Text eine Quelle der Liebe verankert. Betrachten Sie bitte das Papier, auf dem Sie gerade diesen Text lesen. Sie werden dabei höchstens einen extrem langsamen Verfall feststellen können. Ich habe natürlich vor, diese Dienstleistung dem Zsolnay Verlag in Rechnung zu stellen. Sollte das seitens der Geschäftsführung auf Unverständnis stoßen, könnte ich mich an die Gemeinde Wien wenden, denn schließlich kann man rund um meinen Text auch ein Krankenhaus bauen.

Herr Fasching hat um die 95 000 Euro aber nicht nur eine unsichtbare Quelle der Liebe verankert, sondern auch einen Schutzring um das Spital graben lassen, der tadellos funktionieren dürfte. Zumindest wurde bislang nichts Gegenteiliges nachgewiesen.

Könnte man nicht in gesundheitspolitisch schwierigen Zeiten wie jetzt so einen Schutzring samt Quelle der Liebe um ganz Wien graben? Dem überaus günstigen Preis von 95 000 Euro für 111 000 Quadratmeter Gesamtfläche beim Krankenhaus Nord entsprächen 354 837 838 Euro für die 414,6 Quadratkilometer Fläche Wiens.

Aber vielleicht könnte uns der Energetiker kostengünstiger helfen, denn er bietet auch Tipps zur Corona-Krise an. Um nebbiche 990 Euro hätte man ein leider dann doch abgesagtes Tagesseminar besuchen können, wo man erfahren hätte, was man gegen das Coronavirus machen soll, nämlich: »Die Energiedichte des Körpersystems verändern.«

Wie man das macht, weiß Herr Fasching genau: »Wir haben eine spezielle Lösung für den Körper entwickelt. Wir tragen dazu bei, dass sich das Bewusstsein und die Energiedichte des Körpersystems so verändern, dass das Virus keine Voraussetzungen findet, um andocken und sich ausbreiten zu können. Im Anschluss an den Workshop ›Wahre Schöpfung‹ bieten wir den Teilnehmern ein ›Special‹ an, wie sie – aufbauend auf ihr durch den Workshop neu geformtes Bewusstsein – auch ihr Körperbewusstsein so anpassen können, dass eine Infektion weitgehend ausgeschlossen werden kann.«

Sollten Sie jetzt immer noch Zweifel haben und fragen: Schön und gut, aber wie soll das in der Praxis funktionieren? Auch da weiß der Herr Fasching eine Antwort. Er hat nämlich schon vor geraumer Zeit die Lehrschrift »Virus-Erkrankungen und ihre Quelle« veröffentlicht. Darin schreibt er: »Viren sind von uns Menschen abhängige Wesen. Wenn diese Wesenheit zu uns kommt, dann haben wir sie in der Regel unbewusst eingeladen.«

Also, liebe Leserinnen und Leser, ein bissl nachdenken, wie das passiert sein könnte. Vielleicht haben Sie ja unlängst auf Tinder einen feschen Virus kennengelernt oder auf Facebook eine diesbezügliche Freundschaftsanfrage angenommen. Kann jedem passieren, aber was tut man jetzt? Herr Fasching weiß es: »Im Falle einer Viruserkrankung gehe man als Kranker so vor: 1. Ich verbinde mich mit sämtlichen Blutkörperchen in meinem Körper! 2. Ich bitte euch um eure volle Aufmerksamkeit! 3. Überbringt die nun folgende Botschaft: ›Du bist alleine, du hast hier nichts mehr verloren. Du musst gehen!‹ Alle Viren im Körper werden dadurch vollständig beseitigt. Bereits nach wenigen Tagen können diese nicht mehr nachgewiesen werden. Geist beherrscht Materie! Selbst wenn hier eine kleine List angewendet wurde!«

Diese kleine List ist also die Lösung. Durchaus nachvollziehbar, so ein Virus hat ja meistens schlechte Umgangsformen und spürt nicht, wenn es für die Gastgeber zu viel wird. Da gilt es klare Worte zu finden, und wirklich unbelehrbaren Viren kann man dann durchaus einmal auch mit Lokalverbot drohen. Auf jeden Fall haben Sie sich jetzt 990 Euro gespart, weil ich Ihnen verraten hab, wie man das Virus besiegt. Sollten Sie deswegen ein schlechtes Gewissen haben, können

Sie Herrn Fasching das Geld überweisen. Oder, noch besser, bei einer unsichtbaren Quelle der Liebe hinterlegen.

*Hier gleich noch ein Tipp, wie wir alle nicht nur Geld sparen, sondern auch etwas dazuverdienen könnten. Mit diesem Ratschlag habe ich sogar zwei offizielle parlamentarische Anfragen an den Finanzminister ausgelöst.*

## Wenn Novomatic wirklich alle zahlt

Laut rechtskräftigem OGH-Urteil von 2017 hat der Glücksspielkonzern Novomatic über viele Jahre illegales Automatenglücksspiel betrieben. Aus der Tatsache, dass in Österreich illegales Glücksspiel deutlich höher besteuert wird als legales, ergäbe sich eine seither bestehende Novomatic-Steuerschuld von rund 300 Millionen Euro. Merkwürdigerweise haben aber die Finanzminister Schelling, Löger und Blümel nichts unternommen, um diese Schuld einzutreiben.

»Glauben Sie, dass wir dieses Geld nicht brauchen?«, habe ich deshalb in einem Kommentar gefragt. Daraufhin haben Abgeordnete der SPÖ und der Neos diese Frage aufgegriffen und sie in offiziellen parlamentarischen Anfragen, in denen sie auf meine Ausführungen Bezug genommen haben, an Minister Gernot Blümel weitergeleitet. SP-Finanzsprecher Jan Krainer machte sich dabei sogar die Mühe, Blümel im vom Ex-Novomatic-Boss Harald Neumann gewohnten Interventions-SMS-Stil anzusprechen:

»Guten Morgen, Herr Finanzminister, hätte eine parlamentarische Anfrage: Bräuchte Auskünfte (erstens wegen Glücksspiel und zweitens bezüglich eines Steuerproblems, das Novomatic in Österreich hat!). Glauben Sie, geht sich das noch diese Woche aus?«

Die Anfrage selber ist dann aber eher humorlos formuliert:

»Haben Sie oder Ihre ÖVP-Amtsvorgänger Steuern für illegal betriebenes Glücksspiel erlassen und dadurch eine illegale steuerliche Förderung zu Gunsten der Glücksspielunternehmen, aber zu Lasten der steuerzahlenden Österreicherinnen und Österreicher bewirkt?«

In den vorliegenden Antworten Blümels an beide Parteien heißt es dazu: »Aufgrund der abgabenrechtlichen Geheimhaltungspflicht sowie aus prüfungstaktischen Gründen können keine detaillierteren Angaben zu den einzelnen Prüfungen und Ermittlungen erteilt werden.«

Dürfen wir steuerzahlenden Österreicherinnen und Österreicher uns noch Hoffnungen machen? Oder gibt es vielleicht eine andere Möglichkeit, wie wir zu unserem Geld kommen könnten? Aus dem Aktenvermerk eines gegen Novomatic ermittelnden Beamten wissen wir, dass der Konzern schon so manches Problem »durch das Anbieten von guthonorierten Beraterverträgen« aus der Welt geschafft hat.

In diesem Modell könnte auch ein Lösungsansatz für das eingangs beschriebene Steuerproblem liegen. Nämlich: Novomatic-»Beraterverträge« für die rund 4,3 Millionen Steuerzahler in Österreich! Mit 70 Euro pro Kopf wäre die Steuerschuld getilgt, und Gernot Blümel kann sich wieder auf »Geheimhaltungspflichten« in anderen Bereichen konzentrieren.

*Das wäre tatsächlich fair, denn Novomatic hat schon für weitaus fragwürdigere Zwecke Geld ausgegeben.*

## Sozialprojekt Parteispende

Endlich eine gute Nachricht: Der Klimawandel findet nicht statt! Wir verdanken diese erlösende Erkenntnis Herrn Gerald Grosz, dem ehemaligen Parteiobmann des BZÖ, der uns in seiner Kolumne in Wolfgang Fellners zeitungsähnlicher Faktenalternative *Österreich* darüber aufklärt, dass verglichen mit der Sorge um den Klimawandel »selbst die Prophezeiungen von Nostradamus mehr wissenschaftlichen Bezug haben« und »Hitze- und Kälteperioden zur Erdgeschichte gehören wie die Dummheit zur Menschheit«. Immerhin eine sich selbst bestätigende Menschheits-Analyse.

Ihre Zitierung verlangt nach einer guten Begründung. Denn schließlich hat es der renommierte Medienwissenschaftler Bernhard Pörksen unlängst klar auf den Punkt gebracht: »Wir brauchen im Journalismus ein Bemühen um die reflektierte, transparent begründete Ignoranz von Idiotie.«

Dieses Gebot untersagt grundsätzlich die mediale Beschäftigung mit Äußerungen von Gerald Grosz. Warum es an dieser Stelle trotzdem geschehen ist, beruht auf einem anderen, tatsächlich bemerkenswerten, Zitat. Dieses stammt vom ehemaligen Novomatic-Chef Neumann, der gegenüber dem *Kurier* erklärte, Novomatic habe in Österreich »nie für eine politische Partei gespendet«.

Das hat zunächst etwas menschlich Rührendes – so als würde Richard Lugner erzählen, er hätte sein Privatleben immer vor zu viel Öffentlichkeit geschützt. Doch dass der Realitätsbezug von Neumanns Aussage an die Grosz'sche Klimathese erinnert, hat möglicherweise einen bisher kaum beachteten Grund. Der Glücksspielkonzern sieht seine großflächige Unterstützertätigkeit nicht als schnöde Parteispenden, sondern als Sozialprojekt.

Für diese Interpretation spricht eine gerichtsanhängige Causa, über deren aktuellen Ermittlungsstand die Neos per parlamentarischer Anfrage vom Justizminister Bescheid wissen wollen. Dabei geht es unter anderem um 60 000 Euro, die im steirischen Landtagswahlkampf 2010 von Novomatic mutmaßlich an das BZÖ geflossen sind. Unter Anwendung der üblichen Verschleierungsrituale (Scheinrechnungen; Berufung auf nie stattgefundene Telefonate und Vereinbarungen; Inseraten-Auftrag einer Firma, die nie Inserate geschalten hat, an ein BZÖ-Medium, das offiziell nicht als solches aufscheint, etc.) wurde eine Partei unterstützt, die es dann auf nicht einmal drei Prozent geschafft hat und deren damaliger Spitzenkandidat ausgerechnet Gerald Grosz war. Der meint dazu: »Sofern sich nun herausstellen sollte, dass dies ohne unser Wissen ein Auftrag der Novomatic war, bedanke ich mich nachträglich bei der Novomatic für diesen Druckkostenbeitrag.«

Es dürfte sich wahrlich nicht um eine auf mögliche Gegenleistungen spekulierende Investition gehandelt haben, sondern um eine mildtätige Spende an einen politischen Sozialfall.

Der Glücksspielkonzern hat hier also Mitgefühl gezeigt. Ein wichtiges Signal, denn Harald Neumann fürchtet, dass im Zuge der Parteispendenermittlungen versucht werde, »Integrität und Ansehen der Novomatic zu untergraben«.

Das käme allerdings dem Unterkellern eines Kellers gleich.

*Herr Grosz hat mittlerweile erklärt, dass er bei der kommenden Bundespräsidentschaftswahl antreten wird. Lässt sich das noch satirisch kommentieren? Wann stößt Satire an ihre Grenzen?*

## Satire als Chance

Die von der Satire-Plattform *Die Tagespresse* vor dem Handelsgericht Wien eingebrachte Klage gegen den ÖVP-Abgeordneten Andreas Hanger wegen unlauteren Wettbewerbs sorgt mancherorts für Missverständnisse. »Kaum Aussicht auf Erfolg«, attestierte ihr zum Beispiel der *Standard* und konzentrierte sich dabei ausschließlich auf die juristischen Konsequenzen. Gegen Letztere spricht tatsächlich ein wesentlicher Grundsatz jeder satirischen Tätigkeit: Es gibt einen Unterschied zwischen freiwilliger und unfreiwilliger Komik.

Gleichzeitig kann man bei Beachtung dieses Grundsatzes auch den zutiefst versöhnlichen, bisher kaum gewürdigten Aspekt der Klage erkennen: Sie ist eine einzigartige Chance für Andreas Hanger. Mit einem formlosen Geständnis – die dadurch seiner Partei entstehenden Gerichtskosten sollten (spätestens nach einem Anruf bei Novomatic, KTM oder Alexander Schütz) kein ernsthaftes Problem darstellen – kann er seine angeschlagene Reputation wiederherstellen. Indem Hanger seine in der Klage aufgelisteten, oftmals grotesk wirkenden Wortmeldungen als Satire deklariert, entzieht er auch jenem Gerücht die Nahrung, wonach er nur als willenloser Befehlsempfänger gehandelt hätte, der von einer Art verinnerlichten Stimme des Sebastian Kurz gelenkt worden war – ein als »Talk im Hanger« beschreibbares Phänomen.

Darüber hinaus dürfte diese Wahrnehmung von »Satire als Chance« schon Nachahmer gefunden haben. Anders ist beispielsweise nicht zu erklären, dass die latent humide *Krone*-Boulevardruine Michael Jeannée unlängst gegen Alkoholismus zu Felde zog und die »Verniedlichung von Saufen als Kavaliersdelikt« geißelte, was wie Kapitalismuskritik aus dem Mund von Dagobert Duck klingt. Der diesen Worten offenbar zu Grunde liegende Wunsch nach einer Klage à la Hanger dürfte aber kaum in Erfüllung gehen, zumal das bloße Zitieren aus Jeannée-Kolumnen auf heimischen Kabarett-Bühnen als Garant für ausgelassene Heiterkeits-Manifestationen im Publikum gilt. Dabei sorgt das Hintergrundwissen – der meint das ernst!!! – für den finalen Kick aus Komik und Grusel, auf den sowohl Akteur als auch Zuschauer nur ungern verzichten würden.

In anderen Bereichen sind der nachträglichen Umetikettierung zur Satire keine Grenzen gesetzt. Ganz besonders bot sich dafür die sogenannte »Wahl des ORF-Generaldirektors« an. Begleitet von launigen Küniglbergbauernregeln wie »Wird der Fleischmann zum Fleiß-Mann, freut das den Weißmann«, wurde die Ernennung des neuen ORF-Chefs durch Sebastian Kurz in zynisch-sarkastischer Zuspitzung als »Wahl« bezeichnet. Der so »Gewählte« meinte dazu: »Es wird bei mir keine Intervention geben«, eine klassisch gesetzte Punchline, mit der er den Umstand, dass für seine politische Willfährigkeit nicht einmal mehr Interventionen nötig sein werden, pointiert entlarvt. So wird die Grenze zwischen freiwilliger und unfreiwilliger Komik verwischt, und der ORF kann – das sollte vielleicht auch mich und meine Kollegen von der *Tagespresse* trösten – immerhin das Nichtvorhandensein politischer Satire in seinen Programmen mit politischer Realsatire ein wenig kompensieren.

*Noch elender als unfreiwillige Satire sind Politiker, die absichtlich versuchen, Pointen zu setzen. In seiner Zeit als Innenminister hat das Herbert Kickl eindrucksvoll demonstriert.*

## Wenn Politik dem Kabarett folgt

Im ständigen Wettrennen zwischen politischer Realität und ihrer Überzeichnung durch Satire wurde ich durch ein gewagtes Überholmanöver der Politik ausgebremst. Noch vor nicht allzu langer Zeit hatte ich satirisch zugespitzt gefordert, dass Kabarett der Politik folgen müsse und nicht Politik dem Kabarett.

Mittlerweile folgt die Politik tatsächlich dem Kabarett. Und zwar nicht im übertragenen Sinn, wonach sich ihre unfreiwillige Komik als kabarettistisch interpretieren lässt, sondern mit voller Absicht. Die vom Innenminister Kickl seinerzeit angeordnete Umbenennung der Erstaufnahmestellen für Flüchtlinge in »Ausreisezentren« ist zweifellos eine satirische Pointe. Genau so, als würde man Wahllokale in »Denkzettel-Abgabestellen« oder staatliche Hospize in »Pensionssystems-Sicherungszentren« umbenennen.

Dass diese Form von staatlich verordnetem Zynismus keine gesetzliche Grundlage hat, stellte für den immer wieder nach dem Motto »legal-illegal-scheißegal« agierenden Kickl kein Problem dar. Denkbar also, dass er Bahnhofsvorplätze in »Silvester-Grapscher-Zonen«, Frauenhäuser in »Feigheits-Leo für wehleidige Emanzen« und Tempolimits in »Repressionsmaßnahmen gegen mobile Klima-Skeptiker« umbenennen lassen will oder – eingedenk der historischen Wurzeln seiner Partei – am Parlament ein Schild mit der Aufschrift »Quatschbude« anbringen möchte. Als mögliche Reaktion darauf könnte der politische Gegner aktionistisch zurückschlagen und am Innenministerium die Tafel »Verfassungsschutz-Abrisskommando« montieren lassen, oder auch, mit Bezug auf die von Kickl persönlich engagierten neuen Mitarbeiter in seiner engsten Umgebung, »Geschütze Werkstätte des Resozialisierungsprojekts ›Der braune Kreis‹«.

Der nächste Schritt wäre dann die Neubezeichnung der Abschiebungen von gut integrierten Lehrlingen als »Fusionsversuch zwischen humanitärem Offenbarungseid und ökonomischer Maximal-Idiotie« und für die FPÖ-Parteizentrale »Österreich-Dependance der Wladimir-Putin-Stiftung für von Real-Personen unabhängige digitale Kommunikation«.

Apropos Russland: Was sprachlichen Zynismus in der Politik betrifft, werden dort neue Maßstäbe gesetzt, indem die Staatsduma ein Gesetz »zur Unterstützung des Kampfes gegen Fake News und Falschmeldungen« beschlossen hat. Das ist, als würde Nordkorea behaupten, gegen Personenkult zu kämpfen, Saudi-Arabien gegen Frauendiskriminierung oder Novomatic gegen Spielsucht.

Für Deeskalation in solchen Propagandaschlachten könnte die oft geschmähte »politische Korrektheit« sorgen, denn das Vermeiden von als kränkend empfundenen Ausdrücken ist längst nicht mehr nur Linken ein Anliegen. So wird beispielsweise das Wort »Neonazi« immer öfter durch »Identitärer« ersetzt. Statt »Wiederbetätigung« heißt es »aktives Bekenntnis zum historischen Narrativ der schlagenden Burschenschaften«. In weiterer Konsequenz wird man in Zukunft auch nicht mehr »Hassprediger«, »Staatsgefährder« oder »Rechtsextremer« sagen, sondern einfach »ehemaliger Innenminister der Republik Österreich«.

*Der Gedanke, dass alles nur ein großes Missverständnis ist, hat auch etwas Tröstliches. Vielleicht war ja in Wirklichkeit alles ganz anders gemeint?*

## Im Dienst der Wissenschaft

Am Ende meiner Ausführungen möchte ich mich bemühen, auch jenen Hoffnung zu geben, deren Zukunftsaussichten von Sorge getrübt sind. Zum Beispiel der ÖVP. Ihr droht ein U-Ausschuss, in dem sie viel Erklärungsbedürftiges erklären wird müssen. Doch dabei könnte ihr der unlängst veröffentlichte Revisionsbericht aus dem Finanzministerium helfen. Darin wird festgehalten, dass einige der von Meinungsdesignerin Sabine Beinschab für das Ministerium erstellten Studien nicht auffindbar seien oder unter Verschluss gehalten werden.

Dieser Umstand birgt eine Chance für Schwarz-Türkis, die künftigen Rechtfertigungsversuchen eine völlig neue Basis geben könnte: Jetzt schon bekannt ist, dass eine der mit Steuergeld finanzierten Studien »Betrugsbekämpfung« zum Thema hatte. Das wurde von vielen als Höhepunkt an Chuzpe empfunden, ungefähr so, als würde man eine Kiste geschmuggelter Waffen mit »medizinische Gerätschaft« beschriften. »Welche Relevanz hat Betrugsbekämpfung für die Bevölkerung?«, lautete der Titel der Untersuchung. Aber wer sagt, dass sie schon abgeschlossen ist?

Vielleicht überrascht uns die ÖVP noch mit der Erkenntnis, dass alle nun vorliegenden Chats in Wirklichkeit Teil der noch immer laufenden Studie zu dieser Frage sind. Eine Art Experiment also, das aufzeigen soll, wie leicht betrügerische Absichten in der hohen Politik entstehen können, und das jetzt von den an der Versuchsreihe Beteiligten für beendet erklärt wird, weil es endgültig zum Ergebnis gekommen ist, dass Betrugsbekämpfung für die Bevölkerung tatsächlich Relevanz besitzt. Alle Beteiligten hätten also in einem höheren wissenschaftlichen Auftrag gehandelt, was natürlich auch mit Steuergeld gefördert werden muss.

Und wer weiß: Vielleicht ermöglicht die Offenlegung bislang noch unauffindbarer oder unter Verschluss gehaltener Studien weitere neue Interpretationen von zu Unrecht skandalisierten Vorgängen. Denkbar wären beispielsweise: »Sei zärtlich zum Bundesland – hineingleiten statt aufhetzen! Wie wichtige Maßnahmen bei der Kinderbetreuung durch skrupellose Parteiintrigen sabotiert werden können.«

»Linksdilettant sagt man nicht! Über Sprachverrohung in der Politik.«

»Schatzi, wie war's heute bei dir in der Arbeit? Warum Finanzministeriums-Mitarbeiterinnen, die unter anderem Buchungen für Inserate und Kooperationen mit Medien Wolfgang Fellners bearbeiten, nie mit ihren gerade als Bundeskanzler tätigen Lebensgefährten über berufliche Dinge sprechen und deshalb auch keine Personen von öffentlichem Interesse sind.«

»Golf mit Wolf – wie das Pflegen vertiefter sozialer Kontakte mit kritischen Steuerzahlern dem Gedanken der serviceorientierten Verwaltung dient und eine solide Grundlage für beruflichen Aufstieg innerhalb der Finanzbehörde darstellt.«

All diese Untersuchungen könnten sich schließlich als Teile einer von Thomas Schmid persönlich in Auftrag gegebenen Meta-Studie entpuppen unter dem Titel: »Danke, dass wir das so offen besprechen können! Über die Verpflichtung rechtspopulistisch-neoliberaler Interessengemeinschaften zu prostitutionalen Dienstleistungsangeboten an ökonomisch Top-Privilegierte.«